KRÄNZE und GIRLANDEN

gebunden – gesteckt – geklebt – gewunden

mein Landleben

mein Landleben

KRÄNZE und GIRLANDEN

gebunden – gesteckt – geklebt – gewunden

Copyright © 2012 by Cadmos Verlag, Schwarzenbek
Gestaltung und Satz: Ravenstein und Partner, Verden
Lektorat: Barbara P. Meister MA, fachlektor.at

Coverfoto: Ing. Barbara P. Meister MA
Fotos im Innenteil: Ing. Barbara P. Meister MA, sofern nicht anders angegeben

Druck: Grafisches Centrum Cuno, Calbe

Deutsche Nationalbibliothek – CIP-Einheitsaufnahme
Die Deutsche Nationalbibliothek verzeichnet diese Publikation in der
Deutschen Nationalbibliografie; detaillierte bibliografische Daten sind im
Internet über http://dnb.ddb.de abrufbar.

Alle Rechte vorbehalten.

Abdruck oder Speicherung in elektronischen Medien nur nach
vorheriger schriftlicher Genehmigung durch den Verlag.

Printed in Germany

ISBN 978-3-8404-3011-4

INHALT

Vorwort — 7

Mit Blumen und Gehölzen arbeiten — 8
Blumen ernten, vorbereiten und pflegen — 8
    Schnittzeitpunkt — 8
    Schnittreife — 8
Gehölze — 8
    Laubgehölze — 9
    Nadelgehölze — 11
Hilfswerkstoffe und technische Hilfsmittel — 13
Werkzeuge — 17

Verarbeiten von frischen und trockenen Werkstoffen — 20
    Anschneiden — 20
    Andrahten — 20
    Vorbereitung — 22
    Pflege — 22

Wie Kränze entstehen – Techniken — 23
Perfektion mit Proportionen – der Goldene Schnitt — 23
Stecken — 23
Winden — 25
Binden — 27
Haften — 30
Kleben — 33

Tisch und Raum in Harmonie — 34
Raumschmuck — 34
Tischdekoration — 34
Kerzenpflege — 35
Farbenlehre — 36

Mit Kränzen und Girlanden durch das Gartenjahr — 37

Efeubeerenkranz	38
Heidekränzchen	41
Gewundener Tulpenkranz	43
Schleierkrautherz zur Taufe	45
Eierschalen-Tischkranz	48
Frischblumen-Tischkranz für alle Jahreszeiten	51
Kopfkranz zur Erstkommunion	54
Bunter Kräuterkranz zur Sommersonnenwende	57
Duftkräuter-Kranz mit Wiesenkräutern	60
Romantischer Rosenkranz	63
Silberpappelkranz	66
Kugeldistelkranz	69
Strohhut mit Duftwickengirlande	73
Feuriger Dahlienkranz, kombiniert mit Kerzenständer und spätsommerlicher Girlande	75
Blütenreigen – Spätsommerkranz in Reih' und Glied	80
Lampionblumenkranz	83
Happy Halloween – Efeukranz mit Ziergurken und Kürbissen	86
Gewundener Kranz mit Alpenveilchen	89
Herbstlicher Strukturkranz (2 Varianten)	91
Aroma-Kranz zum Fünfuhrtee	95
Apfelkranz für Singvögel	99
Adventskranz – der Klassiker in festlichem Schmuck	101
Zapfen-Adventskranz	105
Hier wohnt der Nussknacker …	108
Weihnachtlicher Hängekranz aus Hagebutten	111
Winter-Wandschmuck mit Apfelscheiben	114
Gewundener Kranz mit Weihnachtssternen als Raumschmuck	116
Mistelkränzchen	119
Verschneiter Lärchenkranz	121
Silvesterkranz	123

Danke — 126

Bezugsquellen	126
Literatur	126
Stichwortregister	127

VORWORT

Entfaltet lacht die Blüth' im milden Glanze,
Die Knospe strebt, zum Licht emporzusehn,
Ein duft'ger Geist umsäuselt zart das Ganze;
Doch jeder Kelch bewahrt das eigne Wehn,
Und zierlich ruht der Kranz in heller Schale
Und lächelt, daß er lächelnd wiederstrahle.

Ernst Schulze, 1789–1817

Schon in den antiken Hochkulturen waren Kränze Symbole der Anerkennung und Ehre. Wer kennt nicht den Lorbeerkranz, der stets als besondere Auszeichnung oder nach einem bedeutenden Sieg überreicht wurde? Blütenkränze hingegen zierten das Heim oder wurden – vor allem von Frauen – als Schmuck am Körper getragen. Heute fertigen wir Kränze als Tisch- und Raumschmuck für feierliche Anlässe, als saisonale Begrüßung an der Haustür, als traditionelles Arrangement zu den Festen im Jahreslauf, als stilvolles Geschenk oder einfach nur als individuelles Schmuck- und Dekorationselement.

Dieses Buch bietet Ihnen bebilderte Schritt-für-Schritt-Einführungen für die unterschiedlichen Fertigungstechniken. Beherrschen Sie erst einmal das Binden, Stecken, Winden und Haften, so sind Ihrer Kreativität und Ihrem Ideenreichtum kaum noch Grenzen gesetzt. Fast alles, was Sie an Blumen- und Naturmaterialien benötigen, halten Natur und Garten für Sie bereit. Bei Spaziergängen entdecken Sie zu jeder Jahreszeit Blüten und Pflanzenteile, die Sie zu Kränzen oder Girlanden arrangieren können – lassen Sie sich einfach von Ihrer Umgebung inspirieren.

Viel Freude beim Entdecken und Verarbeiten kleiner und größerer Schätze der Natur wünscht Ihnen

Barbara P. Meister

Wien, im März 2012

MIT BLUMEN UND GEHÖLZEN ARBEITEN

Blumen ernten, vorbereiten und pflegen

Schnittzeitpunkt

Blumen, die morgens geschnitten werden, sind von den kühleren Nachttemperaturen noch frisch und haben ausreichend Wasser gespeichert.

Während der Mittagsstunden, wenn die Sonneneinstrahlung am stärksten ist, verdunsten die Pflanzen sehr viel Wasser. Ernten Sie nicht zu diesem Zeitpunkt.

Bis zum Abend haben die Blumen viele Assimilate gespeichert, daher ist auch diese Tageszeit für den Schnitt geeignet.

Wässern Sie die geschnittenen Frischblumen so schnell wie möglich ein.

Schnittreife

Von der Wahl der richtigen Schnittreife hängt die Haltbarkeit der Blüten ab. Die Schnittreife ist bei den einzelnen Pflanzenarten recht unterschiedlich. Das Wachstum sollte vor dem Schneiden so weit fortgeschritten sein, dass die Blumen sich noch entwickeln können, wenn sie abgeschnittenen sind. Zu früh geschnittene Blüten bleiben im Wachstum stecken und erblühen nicht.

In wenig geöffnetem Zustand schneiden Sie Rosen, Pfingstrosen und die meisten Zwiebelblumen, wie Narzissen, Tulpen, Gladiolen, Schwertlilien. Beinahe voll erblüht sollten Nelken und Korbblütler wie Margeriten, Chrysanthemen, Astern, Ringelblumen, Sonnenblumen, Rudbeckien und Zinnien sein. Rispenförmig und traubigen Blütenstände sollten zu einem Drittel voll erblüht und die oberen Blüten noch knospig sein, aber zum größten Teil schon Farbe zeigen. Zu diesen Arten zählen Lobelien, Löwenmaul, Salbei, Rittersporn, Eisenhut.

Gehölze

Die Zweige von Laubgehölzen sind unentbehrliche Materialien für gewundene Kränze und selbst gefertigte Unterlagen. Ausgereifte Blätter von sommer- und immergrünen Gehölzen werden zum Haften von Laubkränzen oder als Beiwerk verwendet. Immergrüne Nadelgehölze, sogenannte Koniferen, haben in den Wintermonaten Hauptsaison. Aus ihren Zweigen entstehen Adventskränze und Weihnachtsgirlanden. Auf den nächsten Seiten finden Sie einige wichtige Vertreter beider Gehölzgruppen, die einen eigenen Schnittgarten bereichern würden.

Laubgehölze

Hängebirke, *Betula pendula*
(Foto: MarcusObal, Wikimedia Commons)

Buchs, *Buxus sempervirens*
(Foto: MPF, Wikimedia Commons)

Waldrebe, *Clematis sp.*
(Foto: Roland zh, Wikimedia Commons)

Immergrüner Spindelstrauch, *Euonymus fortunei*
'EmeraldGaiety' (Foto: A. Barra, Wikimedia Commons)

Efeu Jugendform, *Hedera helix*
(Foto: Vulkan, Wikimedia Commons)

Efeu Altersform, *Hedera helix*
(Foto: H.Zell, Wikimedia Commons)

Laubgehölze

Gartenhortensie, *Hydrangea macrophylla*

Stechpalme, *Ilex aquifolium*
(Foto: Jebulon, Wikimedia Commons)

Mahonie, *Mahonia aquifolium*
(Foto: SYP, Wikimedia Commons)

Feuerdorn, *Pyracantha coccinea*
(Foto: Laitr Keiows, Wikimedia Commons)

Salweide, *Salix caprea*
(Foto: Didier Descouens, Wikimedia Commons)

Korbweide, *Salix viminalis*
(Foto: Rude, Wikimedia Commons)

Nadelgehölze

Nordmanntanne, *Abies nordmanniana*
(Foto: Sabine Geißler, pixelio.de)

Edeltanne, *Abies procera* 'Glauca'
(Foto: Norbert Nagel, Wikimedia Commons)

Scheinzypresse, *Chamaecyparis lawsoniana*
(Foto: H. Zell, Wikimedia Commons)

Japanische Sicheltanne, *Cryptomeria japonica*
(Foto: B. Navez, Wikimedia Commons)

Europäische Lärche, *Larix decidua*
(Foto: H. Zell, Wikimedia Commons)

Serbische Fichte, *Picea omorika*
(Foto: MPF, Wikimedia Commons)

Morgenländischer Lebensbaum, *Platycladus orientalis*
(Foto: Soham Banerjee, Wikimedia Commons)

Douglasie, *Pseudotsuga menziesii*
(Foto: Walter Siegmund, Wikimedia Commons)

Eibe, *Taxus baccata*
(Foto: H. Zell, Wikimedia Commons)

Abendländischer Lebensbaum, *Thuja occidentalis*,
(Foto: H. Zell, Wikimedia Commons)

Hilfswerkstoffe und technische Hilfsmittel

Kranzunterlagen aus Blumensteckmasse

Es werden Kränze aus Frisch- und Trockenblumensteckschaum angeboten. Diese sind in verschiedenen Ausführungen und Größen im Blumenfachhandel oder in gut sortierten Gartencentern erhältlich. Blumensteckmasse besteht aus Harzen und Materialien auf Rohölbasis.

Frischblumensteckschwamm kann über 95 % seines Volumens an Wasser aufnehmen. Grundlagen aus Kunststoff oder kompostierbaren Materialien dienen als Wasserreservoir. Am häufigsten wird grüner Steckschaum angeboten. Wie andere technische Hilfsmittel sollte er mit floralen Materialien abgedeckt werden und im fertigen Werkstück nicht sichtbar sein. Bunte Steckmasse in blau, gelb, rosa wird als gestalterisches Hilfsmittel verwendet – diese können Teil der Gesamtkomposition sein und müssen nicht kaschiert werden. Manche Hersteller bieten bereits biologisch abbaubare Produkte an, die über den Kompost entsorgt werden können.

Trockenblumensteckschaum kann kein Wasser aufnehmen. Er ist grobporiger, fester, meist grau gefärbt und für Gestecke mit Trocken- oder Kunstblumen geeignet.

Diese Kranzunterlagen sind ideal für Tischkränze – die Kunststoffschale dient als Wasserreservoir.

Diese Kranzunterlagen sind mit einer wasserabweisenden Schale aus Papier kombiniert – sie werden gemeinsam mit dem Gefäß kompostiert.

Strohreifen mit 25 cm Durchmesser für Tisch- und Türkränze

Wickeldraht

Kranzunterlagen aus Stroh und Heu

Strohreifen gehören zu den gängigsten Unterlagen für gebundene oder gehaftete Kränze. Sie sind in den verschiedensten Durchmessern und Dicken erhältlich. Achten Sie beim Einkauf darauf, dass vor allem Reifen für gebundene Werkstücke nicht zu dick sein dürfen, um beim fertigen Werkstück die Proportion nicht zu stören.

Draht

Wer Floristen bei der Arbeit beobachtet, könnte fast den Eindruck gewinnen, der Berufszweig wäre Teil der „metallverarbeitenden Industrie", denn vor allem bei der ältesten floristischen Kunst – dem Kranzbinden – kann auf Draht kaum verzichtet werden. Drähte werden für die verschiedensten Aufgaben eingesetzt. Sie dienen als Stütze für schwere Blüten, ersetzen Stiele, z. B. bei Zapfen und halten florale Werkstoffe auf Unterlagen, …

In der Regel bestehen Drähte aus Eisen, sie sollen daher trocken gelagert werden. Eisendrähte werden blaugeglüht, das verbessert ihre Biegsamkeit.

Wickeldraht: Diese Drahtspulen gibt es blaugeglüht, grün oder braun lackiert, in Stärken von 0,5–0,9 mm, meist 0,65 mm. Für „grobe" Kranzbindearbeiten wie Koniferen-Adventskränze auf Stroh-, Draht- und Weidenunterlage.

Myrtendraht: Dieser feine Draht wird blaugeglüht, grün- oder braunlackiert in einer Stärkt von 0,35 mm angeboten. Die Spulen haben standardmäßig 100 g. Die lackierten Varianten werden bevorzugt für feine Formarbeiten, wie zarte Kränze mit Frischblumen, verwendet.

Silber- und Messingglanzdraht: Die Standardvariante hat eine Stärke von 0,37 mm, auf einer Rolle sind 17 m. Silber- und Messingdrähte können bewusst als sichtbares Stilelement verarbeitet werden, z. B. bei zartem Körperschmuck, Kopfkränzen, …

Aluminiumdraht ist sehr biegsam und rostet nicht. Er wird gerne verwendet, um Steckhilfen damit zu formen. Wie Silber-, Messing- und bunte Dekordrähte ist Aluminiumdraht ein gestalterisches Hilfsmittel, das nicht kaschiert werden muss.

Stützdraht: Diese Drähte sind grün lackiert und werden zum Stützen von Frischblumen wie Gerbera oder Rosen verwendet. Gehandelt werden sie in Stärken von 0,5–1,2 mm und Längen von 30–50 cm.

Myrtendraht
Silber- und Messingglanzdraht

Aluminiumdraht
Stützdraht

Mit Blumen und Gehölzen arbeiten

Steckdraht

Strohblumennadeln sind 6 mm breit und 25 mm lang

Patenthaften

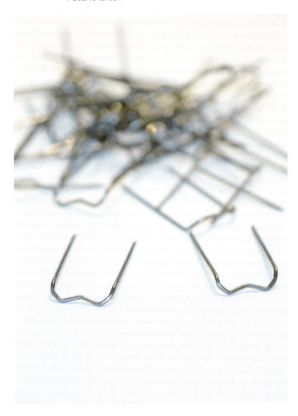

Steckdraht: Blaugeglühte Eisendrähte mit Stärken von 0,5–1,8 mm und Längen von 18–50 cm. Sie werden zum Andrahten von Koniferenbüscheln oder trockenen Werkstoffen wie Zapfen, Kerzen, … verwendet.

Strohblumen- und Efeunadeln: Diese Drahtklammern sind 6–12 mm breit und werden in verschiedenen Längen, meist von 25 mm und 60–100 mm, angeboten.

Patenthaften: Diese Haften haben für besseren Halt im Bügelbereich eine „Doppelwelle". Sie werden in Breiten von 17 mm und Längen von 30–40 mm angeboten.

Flora Tape

Kranzwickelband

Sonstige Hilfsmittel

Flora Tape: Gewachstes, kreppähnliches Band zum Umwickeln von Drahtartikeln und zum Binden filigraner Kränze mit zarten Frischblumen (Kopfkränze, …) wird in grün, braun und weiß angeboten. 13 oder 26 mm breit, ca. 28 m pro Rolle.

Kranzwickelband wird aus grünem Krepppapier oder Vlies hergestellt. Strohreifen werden vor dem weiteren Verarbeiten damit abgewickelt. So verhindert man, dass helle Teile unter dem grünen Kranzmaterial hervorschimmern oder kleine Strohteile herausfallen. Das Arbeiten auf einem abgewickelten Reifen wird meist angenehmer empfunden. Wenn Sie z. B. einen Hagebuttenkranz binden oder haften, können Sie den Strohreifen auch mit farbigem Schmuckband oder Krepppapier abwickeln.

Werkzeuge

Wer mit Blumen und Gehölzen arbeitet, braucht eine kleine Werkzeug-Grundausstattung. Dazu gehören Messer, Schere, Drahtschere, Seitenschneider oder Kombizange und Heißklebepistole.

Messer

In der floristischen Praxis haben sich einseitig geschliffene Messer bewährt, die nach vorne spitz zulaufen. Im Idealfall sind das Kopuliermesser, die sich wie Taschenmesser einklappen lassen. Gewöhnen Sie sich an, das Messer immer griffbereit rechts neben dem Werkstück abzulegen, so verschwindet es nicht gleich auf Nimmerwiedersehen unter dem Material. Die Klinge soll immer scharf geschliffen sein – ist sie unscharf, erfolgt der Anschnitt der Stiele nicht mehr glatt und die Aufnahme von Wasser wird erschwert.

Baumschere

Baumscheren ermöglichen den Schnitt von verholzten Materialien bis zu einem Durchmesser von 25 mm. Es werden Bypass- und Ambossscheren angeboten. Bei Bypassscheren wird der Schnitt gezogen und schonend ausgeführt. Ihre geschliffene Klinge ist abgerundet. Sie verhindert, dass die Leitungsbahnen der Zweige gequetscht werden.

Die geschliffenen Klingen von Ambossscheren sind gerade. Sie führen einen quetschenden Schnitt durch. Wenn Sie die Wahl haben, sollten Sie sich für eine Bypassschere mit gebogener Klinge entscheiden. Profischeren lassen sich zum Schleifen auseinanderschrauben. Für diese Produkte werden auch Ersatzteile wie Klingen oder Federn angeboten. Von vielen Qualitätsscheren sind auch Varianten für Linkshänder im Sortiment.

Drahtschere, Seitenschneider, Kombizange

Vermeiden Sie, mit der Baumschere Drähte zu schneiden – auch wenn sie noch so dünn sind. Sie würden jede Klinge damit beschädigen. Manche Baumscheren haben zum Drahtschneiden extra eine Nut im hinteren Bereich der Klinge. Verwenden Sie zum Durchtrennen von Metall geeignete Werkzeuge wie Drahtschere, Seitenschneider oder Kombizange.

Kopulier- und Okuliermesser

Bypassschere

Drahtschere (Foto: Felco SA, www.felco.eu)

Seitenschneider

Kombizange

Bunte Heißklebesticks

Kombizangen eignen sich auch dazu, stärkeren Draht beim Andrahten von Zapfen fest zu ziehen.

Heißklebepistole

Heißkleber stellt rasch eine feste Verbindung zwischen trockenen Werkstoffen her. Transparenter oder farbiger Schmelzkleber wird in der Heißklebepistole auf bis zu 200° C erhitzt. Die Klebestellen müssen trocken und staubfrei sein.

Transparenter Heißkleber sollte nach der Verarbeitung nicht sichtbar sein. Farbige Schmelzkleber oder solche mit Glitter sind gestalterische Hilfsmittel, die im Werkstück bewusst sichtbar eingesetzt werden.

VERARBEITEN VON FRISCHEN UND TROCKENEN WERKSTOFFEN

Schnittblumen anschneiden

Weiche Blütenstängel werden mit einem scharfen Messer schräg angeschnitten. Achten Sie darauf, einen ziehenden Schnitt durchzuführen und die Leitungsbahnen nicht zu quetschen. Der schräge Anschnitt bietet der Blume eine größere Fläche zur Wasseraufnahme. Empfindliche oder teure Blüten, wie z. B. Orchideen, werden unter Wasser angeschnitten – so gelangt keine Luft in die Leitungsbahnen.

Verholzte Stiele können Sie mit einer gut geschliffenen Baum- oder Gartenschere anschneiden. Auch hier wird der Schnitt schräg geführt, um eine größere Wasseraufnahmefläche zu erzielen.

Stützen von Frischblumen

Manche Blüten, wie z. B. Gerbera und Rosen, benötigen zusätzlichen Halt. Dazu wird grün lackierter Stützdraht mit 0,5 mm Durchmesser in den Blütenkelch eingestochen und mit der linken Hand gehalten, während man den Stiel vorsichtig dreht. So legt sich der Draht in einigen lockeren Windungen um den Stängel. Achten Sie darauf, keine Pflanzenteile zu quetschen.

Hohle Stiele verstärken oder verlängern

In den hohlen Stängel wird grüner Stützdraht mit 0,5 mm Durchmesser eingeführt und bis zum Blütenansatz geschoben.

Zapfen andrahten

Blumensteckdraht mit 0,7–0,9 mm Durchmesser wird im unteren Drittel zwischen die Zapfenschuppen gelegt und dann die Enden miteinander verdreht. Schwerere Zapfen, wie z. B. Pinienzapfen, werden mit zwei versetzten Drähten angedrahtet. Die Drahtstärke ist so zu wählen, dass die Drähte sich nicht biegen, wenn man den Zapfen am Draht hoch hält.

Angedrahteter Zapfen der Rotföhre (*Pinus sylvestris*).

Angedrahteter Zapfen der Tränenkiefer (*Pinus wallichiana*).

Angedrahteter Zapfen der Douglasie (*Pseudotsuga menziesii*).

Die Frucht der Lotusblume (*Nelumbo nucifera*) wird zum Andrahten knapp über dem Stielansatz durchstochen.

Verarbeiten von frischen und trockenen Werkstoffen

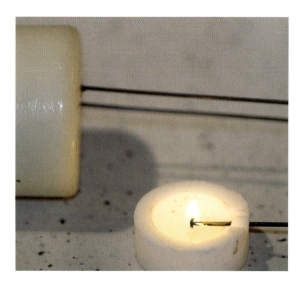

Zum Andrahten wird der Draht in einer Flamme bis zum Glühen erwärmt.

Kerzen andrahten

Wickeln Sie die Kerze in Papier und befestigen Sie die „Schutzverpackung" mit Klebestreifen. So werden die kostbaren Wachsgebilde nicht verunreinigt oder beschädigt.

Je nach Gewicht werden Kerzen mit 1,4–1,8 mm starkem Steckdraht angedrahtet. Dazu ein Drahtende über einer brennenden Kerze erhitzen und anschließend in die Unterseite der Kerze stecken. Pro Kerze werden zwei bis drei Drahtstücke dicht nebeneinander gesteckt. Stecken Sie den Draht nicht zu dicht am Rand, um zu verhindern, dass das Wachs ausbricht.

Die Papiermanschette wird erst abgenommen, wenn die Kerze ihren festen Platz im Werkstück hat.

Vorbereitung

Schon bei der Vorbereitung können Sie sich die Arbeit sehr erleichtern. Schneiden Sie die Materialien für den Kranz in der richtigen Länge zu und sortieren Sie sie nach Art und Länge. Die kürzesten werden im inneren Ring verwendet, die schönsten Blüten, Zweige, Blätter und Früchte zieren die Oberseite, große oder ausschwingende Formen werden außen angeordnet.

Wenn Sie mit Frischblumen arbeiten, legen Sie die Blüten auf saubere Plastikfolie und besprühen Sie sie mit frischem Wasser. Wenn Sie länger an einem Werkstück arbeiten, decken Sie die unversorgten Blüten zusätzlich mit Folie ab.

Pflege

Die meisten Kränze sind sehr pflegeleicht. Sie erhalten nach der Herstellung ihren Platz an Wand oder Tür und müssen nicht weiter betreut werden. In Frischblumenmasse gesteckte Blüten benötigen tägliche Wasserversorgung. Blumenfrischhaltemittel kann die Haltbarkeit verlängern, da es Bakterien abtötet und die Blüten mit Nährstoffen versorgt.

Tipp:

Schnittblumenarrangements bleiben länger frisch, wenn sie die Nächte an einem kühlen, aber frostsicheren Ort verbringen.

WIE KRÄNZE ENTSTEHEN – TECHNIKEN

Perfektion mit Proportion – der Goldene Schnitt

Unter der Kranzproportion versteht man das Verhältnis von Kranzkörper zur Kranzöffnung. Hier lässt sich das Gesetz des Goldenen Schnittes anwenden.

Wir empfinden die Proportion dann als ästhetisch, wenn sie folgendes Verhältnis aufweist:

Kranzkörper : Kranzöffnung : Kranzkörper = 1 : 1,6 : 1

Profis beachten zusätzlich, dass dunkle Werkstoffe die Proportion anders beeinflussen als helle. Daher werden dunkelgrüne Tannenkränze z. B. oft im Verhältnis 1 : 1,2 : 1 oder 1 : 1 : 1 gebunden, während bei hellen Werkstücken das Verhältnis von 1 : 1,6 : 1 strikt eingehalten wird.

Wurde der Kranzkörper zu breit gearbeitet, erscheint der Kranz flächig. Versuchen Sie daher, innen möglichst eng anzulegen und kurze Werkstoffe zu verwenden. Leider werden die Proportionen nicht von allen Herstellern von Steckunterlagen berücksichtigt. In diesem Fall bleibt Ihnen nur, selbst das Beste aus dem Kranz zu machen.

Stecken

Wer sich lange an Blütenkränzen erfreuen will, steckt sie in Grundlagen aus Frischblumensteckmasse. Sie sind in verschiedenen Ausführungen und Größen im Blumenfachhandel oder in gut sortierten Gartencentern erhältlich.

Frischblumensteckschwamm einwässern

Füllen Sie eine große Schale mit Wasser. Legen Sie den Steckschaum auf die

1 : 1,6 : 1

Achten Sie beim Einwässern darauf, das Gefäß groß genug zu wählen, dass die Steckmasse ganz versinken kann.

Wasseroberfläche und warten Sie, bis sich der Ring von allein mit Wasser vollsaugt.

Tipp:
Drücken Sie Steckmasse niemals unter Wasser und gießen Sie nicht von oben nach. Wird Steckschaum unter Wasser gedrückt, verschließen die äußeren Zellen mit Wasser und die Luft kann aus dem Inneren nicht mehr entweichen. Es bleibt ein trockener Kern, der später die Blumen nicht mit Wasser versorgt, sondern es ihnen entzieht und sie schnell welken lässt.

Blüten und Blätter stecken

Die Stiele werden mit einem scharfen Messer schräg angeschnitten. Die Länge richtet sich nach der Kranzgröße.

Stecken Sie die Materialien gegen den Uhrzeigersinn in die Steckmasse und behalten Sie die Richtung bei. Anfangs wird die Schale mit Blättern abgedeckt. Die Unterlage sollte später nicht mehr sichtbar sein. Verwenden Sie für den inneren Kreis kleine Blätter und für den äußeren Umfang größere.

Nun werden die anderen Materialien über den Kranzkörper verteilt. Manchmal ist es von Vorteil, die gesamte Steckmasse locker mit grünem Beiwerk abzudecken – so bleiben später keine störenden Löcher.

Kleinere Blüten werden innen angeordnet, die schönsten Blumen verwenden Sie auf der Oberseite, große, ausschwingende und längliche Materialien schmücken den äußeren Kreis. Bei Tischkränzen ist es vorteilhaft, mit abfließenden oder ausschwingenden Formen einen sanften Übergang zur Tischfläche zu gestalten.

Wenn Sie Blumen mit weichen Stielen, wie z. B. Gänseblümchen, stecken wollen, können Sie das Loch mit einem Zahnstocher vorsichtig „vorbohren".

Tipp:
Wenn Sie mit der Position einer Blüte nicht zufrieden sind und sie wieder aus der Steckmasse ziehen, sollten Sie das entstandene Loch keinesfalls nochmals verwenden. Wenn das nächste Stielende keine direkte Verbindung zum Steckschaum hat, ist die Wasserversorgung nicht gewährleistet.

Winden

Aus biegsamen Materialien wie Weide, Birke, Hasel, Heidelbeeren oder Hartriegel lassen sich dekorative Kränze winden.

Auch Schlingpflanzen wie Wilder Wein, Mauerkatze, Knöterich und Waldreben *(Clematis alpina)* sind beliebte Materialien, vor allem für größere Werkstücke. Im Fachhandel finden Sie sehr feine Ranken, die zu langen Zöpfen gebunden sind und meist nach Gewicht gehandelt werden. Sie sind unter der Bezeichnung „Salim oder Rebkraut" bekannt. Dies sind die dunkelbraunen oder hellbraun gebleichten Ranken des Drahtstrauches *(Muehlenbeckia)*, der in der südlichen Hemisphäre beheimatet ist und bei uns manchmal als Zimmerpflanze verwendet wird.

Diese Winde-Technik ist zeitsparend und bringt einen oft unbeachteten Teil der Pflanze zur Wirkung: die Rinde. Besonders die kalte Jahreszeit, wenn die Zweige unbelaubt sind, eignet sich, um diese

Früh im Jahr können Sie aus den biegsamen Zweigen der Salweide kleine Kränze mit flauschigen Weidenkätzchen winden.

Wie Kränze entstehen – Techniken

Kranzfertigungstechnik zur Perfektion zu bringen. Schon ungeübte Hobbyfloristen feiern mit gewundenen Kränzen ihre ersten großen Erfolge.

> **Tipp:**
> Testen Sie schon beim Schneiden oder vor dem Kauf, ob die Zweige für Ihren Zweck wirklich biegsam genug sind. Selbst unter Weiden gibt es „unbeugsame" Pflanzen bzw. Sorten.

Kränze winden – Arbeitsschritte

Biegen Sie einen langen dünnen Zweig zu einem Kreis in der gewünschten Größe. Dann winden Sie das dünne Ende einige Male um das dickere.

Die zweite Rute wird so versetzt über die erste gewunden, dass das dickere Ende nun die schwächere Seite des Kreises verstärkt.

Wiederholen Sie dies versetzt so oft, bis der Kranz die gewünschte Stärke erreicht hat.

Achten Sie darauf, dass die runde Form gewahrt wird und der Kranz überall gleich dick wird. Tragen Sie beim Kranzwinden am besten Handschuhe, so rutschen Ihnen die Zweige nicht so leicht aus der Hand.

Binden

Das Binden auf einen Reifen ist die älteste Kranztechnik.

Materialien, die keine Wasserversorgung benötigen oder eintrocknen sollen, werden zum Kranz gebunden. Typische Beispiele für diese Technik sind der klassische Adventskranz aus Tannenreisig, Tür- und Wandkränze aus Buchs oder duftende Kräuterkränze.

Wenn Sie Kränze aus grobem Material binden, z. B. aus Koniferen, sollten Sie Ihre Hände mit Handschuhen schützen.

Als Bindegrundlage dienen Drahtringe, gewundene Kränze aus Zweigen von Weide, Hasel und Birke oder fertige Strohreifen.

Drahtringe werden entweder mit Flora Tape oder Papierstreifen abgewickelt. So rutschen die Materialien auf dem Draht nicht. Wenn Sie lieber auf einer etwas dickeren Grundlage binden, können Sie den Drahtring auch mit dünnen Zweigen verstärken.

Einen Weidenreifen können Sie aus biegsamen Zweigen einfach selbst fertigen. Gehen Sie dazu vor, wie im Abschnitt „Winden" beschrieben. Eine Grundlage soll so stabil sein, dass der Kranz beim Binden nicht mehr seine Form verliert.

Strohreifen zum Binden vorbereiten
Strohreifen sind nicht nur umweltfreundlich, sie helfen auch, Kranzmaterial zu sparen, da sie von Grund auf dicker als andere Unterlagen sind.

Strohreifen werden vor dem Weiterverarbeiten meist mir Kranzwickelband abgewickelt – so verlieren sie nicht immer wieder kleine Strohteile.

Fixieren Sie das eine Ende des Bandes z. B. mit Patenthaften oder Strohblumennadeln (A). Umwickeln Sie den Reifen dann fest (B). Legen Sie das Wickelband innen enger an und außen weiter, es soll allerdings kein Stroh sichtbar sein. Als Abschluss stecken Sie das Band wieder mit

A

B

C

D

Haften oder Nadeln fest (C, D). Diese Vorbereitungsarbeit wird auch vor dem Haften von Kränzen durchgeführt

Arbeitsschritte

1. Schneiden Sie die Materialien auf die gewünschte Länge zu und sortieren Sie sie nach Art und Größe.

2. Befestigen Sie Bindedraht fest auf der Unterlage.

3. Rechtshänder reichen die Drahtspule immer von innen nach außen über den Kranz. Linkshänder wickeln den Draht von links außen über den Kranz nach innen. So können Sie Ihre Kraft jeweils am besten einsetzen.

4. Je nach Größe des Kranzes verarbeiten Sie die Werkstoffe einzeln oder in kleinen Büscheln.

5. Mit der rechten Hand legen Sie an der linken Kranzseite Material an (E). Kleine Zweige nach innen, schöne Zweige oben und längere außen. Die linke Hand hält das Material am Reifen fest (F). Verwenden Sie für die erste Reihe immer etwas längere Zweige, denn die Materialien der letzten Reihe müssen zum Abschluss unter die erste geschoben werden. Linkshänder halten die Zweige mit der rechten Hand fest.

6. Nun wickeln Sie mit der rechten Hand von innen über den Kranz nach links außen (G, H). Greifen Sie unter dem Kranz durch und holen Sie die Drahtspule nach innen (I). Nun ziehen Sie vorsichtig fest. Wiederholen Sie die Bindung ein zweites Mal und ziehen Sie fester (J).

7. Legen Sie die zweite Reihe Material an. Es sollen keine Löcher entstehen. Achten Sie vor allem außen darauf, die Abstände beim Anlegen nicht zu groß zu wählen. Um das Material lückenlos zu verarbeiten, kann es auch notwendig sein, manchmal nur außen anzulegen.

8. Wiederholen Sie den Vorgang, bis Sie wieder die erste Reihe erreicht haben.

9. Heben Sie die Zweige der ersten Reihe mit der linken Hand vorsichtig an und legen Sie die letzte Reihe so dicht wie möglich an die erste Bindestelle, binden Sie nun möglichst weit hinten fest. Lassen Sie einige Zentimeter Draht über und schneiden Sie die Spule ab. Das Drahtende befestigen Sie auf der Kranzrückseite an einer der ersten Wicklungen und stecken es dann in den Kranzkörper zurück.
Drahtenden bergen eine gewisse Verletzungsgefahr, daher dürfen sie nie aus dem Kranzkörper ragen.

Variation: Geübte Floristen decken auch die Rückseite mit Kranzmaterial ab, denn der Draht sollte bei einem perfekten Kranz nicht sichtbar sein. Wenn der Kranz nicht aufgehängt wird, die Unterseite also nicht sichtbar ist, können Sie dazu „unattraktive" Zweige verwenden. Bei hängenden Adventskränzen wird besonders viel Wert auf eine schöne Gestaltung der Unterseite gelegt.

Tipp:
Wer zu fest bindet, kann mit dem Bindedraht die Stiele durchschneiden. Um dies zu verhindern, sollten Sie erst bei der zweiten Wicklung wirklich fest ziehen.

Haften

Gehaftete Kränze sind im Erscheinungsbild besonders gleichmäßig und auch für ungeübte Hobbyfloristen eine beliebte Alternative zum gebundenen Arrangement. Gehaftet wird meist auf umweltfreundliche Strohreifen. Als Material für den Kranzkörper eignen sich Koniferenzweige, Moos, Islandmoos oder Blätter immergrüner Gehölze wie Stechpalmen *(Ilex aquifolia)*, Kirschlorbeer *(Prunus laurocerasus)*, Efeu *(Hedera helix)* oder Magnolien. Einzelne Blätter können Sie mit Efeunadeln auf dem Kranz befestigen, Zweige von Nadelgehölzen werden mit Römerhaften oder Patenthaften auf der Strohunterlage fixiert. Der Querbügel dieser Haften ist gewellt, um einen besseren Halt zu gewährleisten. Die Drahtklammern sind in unterschiedlichen Breiten und Längen erhältlich. Für die in diesem Buch vorgestellten Werkstücke wurden Haften mit 25 mm Breite und 35 mm Länge und Efeunadeln gewählt.

Arbeitsschritte

1. Umwickeln Sie den Strohreifen mit Kranzwickelband oder Krepppapierstreifen (Vorsicht! Färbt ab!) in der Farbe, die am besten zu Ihrem Werkstoff passt (s. S. 28).

2. Lange Blätter, wie z. B. Magnolien, können Sie mit einer Schere der Breite nach einkürzen.

3. Beginnen Sie links innen und legen Sie das erste Blatt bzw. den ersten Zweig an. Stecken Sie den Werkstoff mit einer

Gehafteter Kranz aus grünen und panaschierten Stechpalmen-Blättern (*Ilex aquifolium*)

Gehafteter Kranz aus Zweigen der Fichte (*Picea abies*), der Serbischen Fichte (*Picea omorika*) und Blättern der Stechpalme (*Ilex aquifolium* 'Pyramidalis' mit wenig spitzen Blättern)

Hafte fest. Die Steckrichtung sollte leicht schräg und gegen die Arbeitsrichtung verlaufen (L).

4. Wenn Sie schmale Blätter verarbeiten, sollte der Querbügel über der Hauptblattader verlaufen. Breites Laub wird am Rand gehaftet, so ist das Blatt auf beiden Seiten fixiert. Vorsicht: die Blattränder reißen leicht ein!

5. Wiederholen Sie den Vorgang, bis Sie die erste Reihe vollendet haben.

6. Legen Sie mit etwas Abstand die Werkstoffe der zweiten Reihe an. Decken Sie nun die Haften der ersten Reihe gut ab und versetzen Sie Zweige oder Blätter dachziegelartig (M).

7. Setzen Sie diese Arbeitsweise rund um den Reifen fort. Die letzte Reihe wird wieder unter die erste geschoben und möglichst weit hinten fixiert. Im Idealfall sind weder Anfang und Ende noch die Haften erkennbar.

Tipp:
Rückstände von Harz auf den Händen können Sie mit Speiseöl oder einem Stück Butter abwaschen.

Kleben

Kleben trockener Werkstoffe

Zum Kleben trockener floraler Werkstoffe eignen sich Heißkleber oder Holzleim – je nach Material und Werkstück.

Heißkleber hat den Vorteil, dass er rasch auskühlt und dann fest ist. Allerdings verfärben sich viele Werkstoffe aufgrund der hohen Temperatur. Zudem muss Heißkleber sparsam und genau verarbeitet werden, um „unsichtbar" zu bleiben. Er zieht auch gerne unerwünschte Fäden. Es gibt Heißkleber in verschiedenen Farben, Härtegraden und Schmelzpunkten. Die gebräuchlichsten Schmelzpunkte liegen bei 90–200° C.

Trockenwerkstoffe wie diese Anissterne und Zimtstangen befestigen Sie mit Heißkleber auf Trockensteckschwamm oder Strohreifen.

Heißkleber von Textilien entfernen

Auch wenn Sie noch so gewissenhaft arbeiten, Heißkleber klebt fast überall sehr gut – auch auf Hosen, Pullovern und Arbeitsschürzen. Am erfolgreichsten entfernen Sie Kleberrückstände von Textilien mit einer Temperaturbehandlung. Legen Sie das Kleidungsstück ins Tiefkühlfach. Durch die niedrige Temperatur wird der Klebstoff spröde. Er bricht und lässt sich großteils wieder entfernen. Wenn das Tiefkühlfach für Sie keine Alternative ist, können Sie zum Vereisen auch Eisspray verwenden.

Vorsicht: Tragen Sie, wenn möglich, bei der Arbeit mit Heißkleber Handschuhe. Wenn nicht, sollte eine Schale mit kaltem Wasser immer in Reichweite sein.

Holzleim rocknet leider nicht so rasch. Trockener Holzleim ist transparent, was der Gestaltung sehr entgegen kommt.

Kleben von Frischblumen

Zum Kleben von Frischblumen verwendet man speziellen Kaltkleber. Er ist im Floristen-Fachhandel erhältlich. Die Werkstoffe verfärben nicht und der Kleber trocknet sehr schnell.

Vorsicht: Tragen Sie bei der Arbeit mit Kaltkleber immer Handschuhe – er klebt nicht nur an Blumen gut!

TISCH UND RAUM IN HARMONIE

Raumschmuck

Florale Arrangements wie Tür-, Wand- und Tischkränze sollen mit dem vorhandenen Interieur harmonieren. Menschen empfinden eine Gestaltung dann als angenehm, wenn sie eine Wiederholung markanter Stilelemente vorfinden. Ein Zuviel verschiedener Muster und Strukturen, Formen und Farben wird als unruhig oder sogar störend empfunden.

Einzelne Werkstücke können ihre Wirkung im Raum dann am besten entfalten, wenn sie auf ihre Umgebung abgestimmt sind.

So erregt ein kunterbunter Adventskranz mehr Aufsehen in einer gestylten Designerwohnung als im „kreativen" Kinderzimmer der Zwillinge.

Und das schlichte Kränzchen aus getrockneten Apfelscheiben würde allein an der Wand kaum auffallen – gruppieren Sie aber mehrere davon nebeneinander, steigern Sie die Wertanmutung jedes einzelnen Kranzes.

Tischdekoration

Ein liebevoll gedeckter Tisch drückt besondere Wertschätzung gegenüber den Gästen und Tischpartnern aus. Perfekt ist die Gestaltung dann, wenn die Tischde-

Adventskranz aus Weihnachtsschmuck

Gefädelte Apfelscheibenkränze

koration zum Anlass des Essens passt und die einzelnen Elemente einander optisch ergänzen.

Um sich wohl zu fühlen, benötigen die Tischnachbarn ausreichend Platz. Pro Person sollten Sie mit 60–80 cm Breite für das Gedeck rechnen.

Achten Sie schon bei Planung und Einkauf darauf, alle Elemente auf dem Tisch farblich und stilistisch aufeinander abzustimmen: dazu gehören Tischtuch, Servietten, Kerzen, Kerzenständer, Geschirr, Besteck, Gläser und die floralen Arrangements.

Einer der wichtigsten Aspekte bei der Gestaltung von Tischdekorationen ist die Höhe der einzelnen Elemente. Die Personen am Tisch sollen einander ungehindert in die Augen sehen können. Beachten Sie das bei der Auswahl von Kerzen, Kerzenständern und vertikalen Arrangements.

Besonders gelungen sind Tischkränze dann, wenn sie einen direkten Übergang zur übrigen Tischdekoration schaffen. Diesen erzielen Sie, wenn sich einzelne florale Elemente aus dem Kranz auf dem Tisch wiederholen. Bei einem Rosenkranz können das z. B. gestreute Rosenblütenblätter sein, oder sie verwenden Johannisbeeren als Beiwerk im Kranz und legen auf dem Tisch entblätterte Zweige mit appetitlichen Johannisbeeren aus. Kaum einer Ihrer Gäste wird der Versuchung des Beerengenusses widerstehen können. Zu Weihnachten eignen sich Tannenzweige, Erdnüsse, Äpfel u. v. m. als verbindende Elemente, die sowohl im Kranz als auch auf dem Tisch verwendet werden können.

Auch gefaltete Servietten gehören zu einer traditionellen Tischdekoration. Zeit-

Gewundener Serviettenring aus Rosmarin.

sparend und individuell können Sie es auch mit einem kleinen Kranz probieren. Ein zur Saison passender gewundener Serviettenring aus Weide, Thymian, Rosmarin, Lavendel oder Tanne, mit einem Namensschild oder einem kleinen Anhänger verziert, ist gleichzeitig ein persönliches Geschenk.

Kerzenpflege

- Die Kerzenflamme ist ein lebendiges Licht, das wie offenes Feuer in Innenräumen nie unbeobachtet sein darf.
- Halten Sie Kinder von den Flammen fern.
- Kerzen sollen niemals dicht neben- oder untereinander brennen.
- Über der Flamme soll viel Freiraum sein, die Hitze strahlt oft sehr hoch.

- Rußige Knötchen am Dochtende entfernen Sie am besten mit einer Dochtschere.
- Dochtstücke und Streichholzreste sollen aus dem Brennteller entfernt werden.
- Kerzen, die in Zugluft stehen, beginnen zu flackern und zu rußen – schließlich brennen sie einseitig ab.
- Kürzen Sie den Docht vorsichtig, wenn die Kerze rußt – das können Sie behutsam machen, während die Kerze brennt oder sie löschen die Flamme kurz aus.
- Brennt die Kerze einseitig ab, biegen Sie den Docht zur Seite.
- Versuchen Sie nicht, einen abgekühlten Docht zu biegen, er wird leicht abbrechen.
- Ist der Kerzenrand zu hoch, kann er im warmen Zustand mit einem Messer abgeschnitten werden.
- Florale Verzierungen oder Stoffbänder müssen vor dem Abbrennen entfernt werden.
- Lassen Sie Kerzen anfangs so lange brennen, bis der ganze Brennteller flüssig ist, sonst brennt sie zu tief nach innen.

Farbenlehre

In der Farbenlehre gibt es verschiedene Ansätze. Floristen verwenden für ihre Arrangements häufig den bekannten Farbkreis nach Johannes Itten (1888–1967).

Diese Farbentheorie geht davon aus, dass alle Farben aus den drei Primärfarben Gelb, Rot und Blau gemischt werden können. Mischt man diese jeweils zu gleichen Teilen, entstehen die drei Sekundärfarben Orange, Violett und Grün.

Farbkreis nach Itten von 1961 (Grafik: Malte Ahrens, Wikimedia Commons)

In weiterer Folge wird jeweils eine Primärfarbe mit einer Sekundärfarbe zu gleichen Teilen gemischt. Daraus ergeben sich die Tertiärfarben Dunkelgelb, Orangerot, Purpurrot, Blauviolett, Blaugrün und Hellgrün.

Schwarz und Weiß werden als „unbunte Farben" bezeichnet.

Auch bekannte Farbkontraste beruhen auf dem Farbkreis nach Itten. Einer der bekanntesten ist der Komplementärkontrast: Er besagt, dass der größte Kontrast zwischen Farben besteht, die einander im Farbkreis gegenüberliegen. Gelb-Violett, Dunkelgelb-Blauviolett, Orangerot-Blau usw.

Farben, die im Farbkreis durch ein gleichseitiges Dreieck verbunden werden können, harmonieren miteinander. Typische Beispiele sind Gelb – Rot – Blau, Orange – Violett – Grün, …

Auch die neben der Komplementärfarbe gelegenen Farben können harmonisch miteinander kombiniert werden – hier wird ein gleichschenkeliges Dreieck gebildet – z. B. Gelb – Purpur – Blauviolett, Rotorange – Grün – Blau, …

In diesem bunten Kranz finden sich beinahe alle Farben des Farbkreises wieder. Um die Farben mit einer solchen Perfektion zu verteilen, bedarf es schon einiger Erfahrung. (Abschlussprüfung Floristen, Fachschule Ritzlhof, OÖ)

MIT KRÄNZEN UND GIRLANDEN DURCH DAS GARTENJAHR

Efeubeerenkranz

Efeu gilt in verschiedenen Kulturen seit Jahrtausenden als Pflanze mit Symbolcharakter. Die Völker der Antike stellten manche ihrer Götter mit Efeu bekränzt dar oder trugen Efeukränze zu festlichen Gelegenheiten. Besonders bemerkenswert ist, dass schon damals weiß- oder gelb panaschierte (gestreifte) Sorten bekannt waren. In Europa steht er seit dem Mittelalter für Unsterblichkeit und das Ewige Leben. Da der Efeu einen Partner braucht, auf dem er klettern kann, ist er Sinnbild für Freundschaft und Treue. Unsere Gärten eroberte die Kletterpflanze, als Landschaftsgärten in Mode kamen. Übrigens brauchen Sie nicht um Bäume zu bangen, die von Efeu als Klettergerüst verwendet werden. Er bildet lediglich Haftwurzeln aus, um sich festzuhalten, ist aber keine Schmarotzerpflanze, die den Wirten Nährstoffe entzieht. Übrigens sind Efeupflanzen typische Strahlensucher, die Orte mit unterirdischen Wasseradern bevorzugen.

Eine andere Eigenschaft macht Efeu zu einer wertvollen Pflanze für die Floristik: seine Heterophyllie. In der Jugend wächst er einige Jahre als Kletterpflanze, blüht nicht und bildet in dieser Zeit die typischen gelappten Blätter. Erreicht er ein gewisses Alter, wachsen die Zweige eher strauchförmig. Neue Blätter der Altersform haben einen rautenförmigen Umriss. Die Pflanze bildet im Herbst unscheinbare Blüten, dann grüne Beeren, die sich bei der Reife im Frühjahr schwarzblau färben. Vermehrt man die Altersform von Efeu vegetativ, z. B. durch Stecklinge, bleibt der strauchförmige Wuchs erhalten.

Auch in Bräuchen findet Efeu Verwendung: In Westphalen bringen Kinder am dritten Fastensonntag mit einem Efeukranz symbolisch den Frühling ins Haus ihrer Nachbarn.

Tipp:
Efeu ist giftig. Halten Sie besonders Kleinkinder von den Beeren fern.

Material und Werkstoffe

- 1 Weidenreifen, ca. 15 cm Durchmesser
- Efeubeeren
- Efeublätter
- Silber- oder Messingglanzdraht
- 1 Stumpenkerze, Durchmesser 7 cm, Höhe ca. 15–18 cm
- 1 tellerförmiger Kerzenständer oder flacher Dekoteller als Unterlage

Arbeitsschritte

1. Winden Sie aus biegsamen Weidenzweigen einen dünnen Reifen.

immer etwas weiter hinten gebunden, um am Ende darunter binden zu können.

4. Legen Sie die nächsten Reihen sehr dicht an die vorhergehenden. Der Weidenreifen soll später nicht mehr sichtbar sein. Denken Sie daran, die Rückseite regelmäßig abzudecken.

5. Um die letzte Reihe fixieren zu können, biegen Sie vorsichtig die Fruchtstände und das Blatt der ersten Reihe mit der linken Hand zurück und legen die letzten Teile an. Binden Sie so weit hinten, wie möglich. Verknoten Sie den Draht und schneiden Sie die Spule ab.

6. Legen Sie den Kranz um die Stumpenkerze und arrangieren Sie beide auf dem Dekorteller.

Tipp
Dieses schlichte Arrangement ist lange haltbar und verleiht der Kerze auch außerhalb der Weihnachtszeit einen festlichen Rahmen.

2. Befestigen Sie den Dekordraht links, die Spule wird von innen nach außen über den Kranz gereicht.

3. Legen Sie die ersten Fruchtstände am Kranz an. Die Rückseite wird bei jeder oder jeder zweiten Reihe mit einem Blatt abgedeckt. Wickeln Sie zwei Mal über die Stiele, bei der zweiten Drahtwindung ziehen Sie etwas fester. Die erste Reihe wird

Heidekränzchen

Schneeheide *(Erica carnea)* und Besenheide *(Calluna vulgaris)* sind beliebte Zwerggehölze unserer heimischen Landschaft. Erst wer ihre kleinen Blüten im Detail sieht, erkennt, welch kunstvolles Gebilde jede einzelne davon ist.

Bringen Sie die Blüten also dem Betrachter etwas näher und laden Sie Ihre Bekannten zu einem als „Heidekränzchen" getarnten Plausch bei Kaffee oder Tee ein. Dazu dekorieren Sie jedes einzelne Gedeck und jeden Platz mit mehreren kleinen Heidekränzen. Die Türklinke wird zum Empfang Ihrer Gäste mit einem kleinen Kranz geschmückt, einen legen Sie auf die Untertasse, einer wird als Serviettenring verwendet, einer schmückt das Namenskärtchen und ein etwas größerer

hängt an einem zart violetten Band auf der Stuhllehne. Den Tisch selbst schmücken Kerzenständer, die mit zarten Heidekränzen dekoriert sind. Lassen Sie einfach Ihrer Kreativität freien Lauf …

Gerne werden Ihre Freunde die kunstvollen Kränzchen mit nach Hause nehmen und sich noch lange an die besondere Einladung erinnern.

Material und Werkstoffe

- Kleine Weidenreifen, je nach Verwendungszweck 8–15 cm Durchmesser
- Flora Tape, vorzugsweise braun
- Silberglanzdraht
- Stoff- oder Satinband, pro Schleife ca. 20–30 cm
- Schnee- oder Besenheide

Arbeitsschritte

1. Winden Sie kleine dünne Weidenkränzchen.

2. Befestigen Sie den Silberdraht auf der Kranzunterlage und binden Sie die feinen Schneeheide-Zweige darauf. Arbeiten Sie gegen den Uhrzeigersinn.

3. Serviettenringe und andere ganz kleine Kränzchen werden direkt aus mind. 4–6 langen Schneeheide-Zweigen gewunden. Fixieren Sie die Zweige zum Abschluss mit einer kleinen Stoffschleife.

Gewundener Tulpenkranz

Tulpen gehören zu den beliebtesten Frühlingsboten. Ursprünglich in Persien beheimatet, gelangten sie über die Türkei nach Mitteleuropa und eroberten von dort aus die ganze Welt. Ihre Erfolgsgeschichte begann, als die Holländer gegen Ende des 16. Jahrhunderts der Tulpe „verfielen". Bis heute sind die Niederlande das Zentrum der Tulpenzucht und des Blumenzwiebelhandels. Inzwischen gibt es Tausende von Tulpensorten: früh- oder spätblühende, kurz- oder langstielige, einfarbige oder geflammte, einfach oder gefüllt blühende, glattrandige oder gefranste, … Gärtner und Botaniker teilen die Tulpenarten und -sorten in 15 Gruppen, um wenigstens einigermaßen den Überblick zu behalten. Nur gut, dass man bei solch verlockendem Angebot heute für eine Tulpenzwiebel nicht mehr Haus und Hof verkaufen muss.

In der Blumensprache steht die Tulpe für Liebe und echte Zuneigung. In Kombination mit der Farbsymbolik ist ein Arrangement aus roten Tulpen als tief empfundene Liebeserklärung zu deuten.

Für diesen Kranz sollten Sie möglichst langstielige Tulpensorten aus dem Garten verwenden. Seien sie nicht überrascht, wenn er am nächsten Tag anders aussieht als vorher. Tulpen wachsen auch als Schnittblume noch weiter und strecken Ihre Blüten meist gerade nach oben – egal wie sie ursprünglich angeordnet waren. So entwickelt jedes Tulpenarrangement seine eigene Dynamik und bleibt nie wie es war.

Material und Werkstoffe

- 20 langstielige Tulpen
- Lange unbeblätterte Ranken der Waldrebe *(Clematis alpina)*
- Trockenes Herbstlaub, z. B. Rotbuche *(Fagus sylvatica)*
- Moos
- 20 Glas- oder Kunststoffeprouvetten
- ev. Naturbast oder Rebdraht zum Befestigen der Eprouvetten

Arbeitsschritte

1. Winden Sie aus den Ranken der Waldrebe einen Kranz mit mindestens 50 cm Durchmesser. Achten Sie darauf, die Zweige nicht zu eng zu schlingen – die Tulpenblüten sollten sich ohne Probleme dazwischen schieben lassen.

2. Gestalten je nach Wunsch den „Boden" des Kranzes mit etwas Moos und Herbstlaub naturnah.

3. Befestigen Sie die Glasröhrchen schräg in dem Geflecht. Füllen Sie sie zur Hälfte mit Wasser. Ein Nachgießen von Wasser muss jederzeit möglich sein.

4. Entfernen Sie vorsichtig bis auf eines alle grünen Blätter der Tulpe, um ihre Verdunstungsfläche zu verkleinern. Schneiden Sie den Stängel mit einem ziehenden Schnitt schräg an und stecken Sie jede Tulpe durch das Waldrebengeflecht in je ein Glasröhrchen. Die Tulpen sollen die geschwungene Bewegung des Kranzes mitmachen. Arbeiten Sie gegen den Uhrzeigersinn.

5. Wenn der Kranz Teil Ihrer Osterdekoration ist, können Sie auch einige zarte Federn darin „verlieren".

Variation

Wenn Sie lieber kurzstielige Topftulpen oder Topfnarzissen verwenden möchten, gießen Sie sie und geben Sie ihnen einige Stunden Gelegenheit, das Wasser aufzunehmen. Dann klopfen Sie die Erde vorsichtig von den Wurzeln und waschen Erdreste unter fließendem Wasser ab. Arrangieren Sie dann die Tulpen mitsamt ihren Zwiebeln und Wurzeln im Waldrebenkranz. Die Zwiebel hat genügend Reservestoffe gespeichert, um die Blüte einige Tage zu versorgen.

> **Tipp:**
> „Französische Tulpen" – sie sind besonders langstielig und großblütig, sie werden im Fachhandel angeboten, haben allerdings auch ihren Preis.

Schleierkrautherz zur Taufe

*"Es gingen eine lange Weile
vier große Schuhe ganz alleine.
Es laufen nun – auf Schritt und Tritt –
zwei winzig kleine Füßchen mit.
Uns alle freut's, dass es dich gibt!"*

Die Taufe ist das erste große kirchliche Ereignis im Leben eines Kindes.

Allgemein üblich ist, für den Blumenschmuck zu diesem Anlass helle Farben zu wählen. In der Kirche werden meist das Taufbecken mit einer Blütengirlande oder einem Kranz und der Altar mit einem festlichen Arrangement geschmückt.

Nach der Taufe treffen einander die Familienmitglieder und Bekannte zum gemütlichen Beisammensein. Der kleine neue Erdenbürger erlebt sein erstes, für ihn ganz persönlich gestaltetes Fest.

Eine nette und sehr persönliche Begrüßungsgabe ist ein weißes Schleierkrautherz, das jeder Gast auf seinem Platz vorfindet. Die winzigen Blüten passen ausgezeichnet zum Anlass, ihre weiße Farbe steht für Unschuld und Reinheit, das Herz ist Symbol der Liebe und Zuneigung für das Kind.

Als Alternative kann auch der Anfangsbuchstabe des Vornamens aus Steckdraht gebogen und mit Schleierkraut gebunden werden. Probieren Sie diese Variante rechtzeitig aus, bevor Sie sich auf komplizierte Projekte wie B, E, K oder R einlassen.

Material und Werkstoffe

- Steckdrähte 1,6 mm, 40 cm lang – in Anzahl der Herzen
- Flora Tape grün
- Silberglanzdraht
- Schleierkraut, ca. 2 Stiele pro Herz
- Lederfarn zum Abdecken, ½ Wedel pro Herz

Arbeitsschritte

1. Wickeln Sie einen Steckdraht mit Flora Tape ab, biegen Sie es zu einem Herz und verbinden Sie die beiden Enden mit dem gewachsten Band.

2. Bereiten Sie die Blüten für jedes Herz extra vor. Dazu zerteilen Sie den Blütenstand in kleine Büschel und legen diese in Reihen auf Plastikfolie. Besprühen Sie sie mit frischem kalten Wasser und bedecken Sie die hinteren Reihen, die erst später verarbeitet werden, mit Folie (s. S. 55).
Teilen Sie einen Lederfarnwedel in ca. 2,5 cm lange Stücke und legen Sie sie ebenfalls geordnet auf.

3. Fixieren Sie den Silberdraht oben innen und beginnen Sie dort, dicht kleine Schleierkrautbüschel anzulegen. Arbeiten Sie gegen den Uhrzeigersinn. Wie beim Kranzbinden wird die Drahtspule von innen über das Herz nach außen gereicht.

4. Decken Sie das Drahtherz und die Silberdrahtwicklungen auf der Rückseite bei ca. jeder zweiten Reihe mit Lederfarn ab.

5. Arbeiten Sie weiter, bis Sie am Ende angelangt sind. Nun werden die Stiele der Schleierkrautbüschel unter die Blüten der ersten Reihe gesteckt und mit zwei bis drei letzten Drahtwicklungen befestigt.

Das Herz kann auch mit kleinblütigen Rosen (Baby-Rosen) gebunden werden. Sie brauchen ca. 20 Einzelrosen pro Herz. Diese speziellen Sorten müssen im Blumenfachhandel vorbestellt werden.

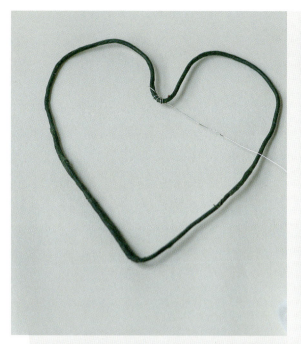

Tipp:
Besprühen Sie das fertige Herz und bewahren Sie es bis zur Vorbereitung der Dekoration bei ca. 3–4° C im Kühlschrank auf. Die Blüten sollten keine Berührungspunkte mit anderen Gegenständen oder der Kühlschrankwand haben.

Mit Kränzen und Girlanden durch das Jahr

Eierschalen-Tischkranz

Mit Ostern, dem christlichen Fest der Auferstehung, begrüßen wir alljährlich auch die wieder erwachte Natur. Und die zeigt sich gerade jetzt in ihrer größten Vielfalt. Primeln, Tulpen, Hyazinthen, und Veilchen blühen mit Schneeball, Kirsche, Mandel und Kornelkirsche um die Wette. Die Forsythie, auch Goldglöckchen oder Osterstrauch genannt, und ihre gelbblütigen Freunde, die Osterglocken oder Narzissen, „läuten" das festliche Ende der Fastenzeit ein.

Doch die Natur bietet uns noch mehr an österlichen Symbolen – das wichtigste davon ist das Osterei. Das Ei gilt im Christentum und vielen anderen Religionen als Symbol des Lebens und der Wiedergeburt. Manche Bräuche um das Osterei werden auf uralte heidnische Fruchtbarkeitsriten zurückgeführt. Am Gründonnerstag gelegte Eier sollen besondere Kräfte besitzen und gelten als heilbringend. Sie werden an diesem Tag gefärbt und zu Ostern verschenkt. Rote Eier sind Symbol für das vergossene Blut Christi und für die Liebe. Ein rotes Ei geschenkt zu bekommen, soll langes Leben verheißen. Eier, die man sich gegenseitig nach der Osternacht schenkt, sind Zeichen der Freundschaft.

Der festliche Ostertisch wird traditionell frühlingshaft dekoriert. In diesem Eierschalenkranz können Kressepolster, samtige Anemonen, seidige Ranunkeln, kleinblütige Osterglocken mit frischen Zweiglein von Palmkätzchen, Schneeball oder Osterstrauch kombiniert werden. Oder sie entscheiden sich rein für Gänseblümchen.

Beliebte Accessoires auf dem Tisch sind, neben Ostereiern, kleine gewundene Kränze aus Weiden, Birkenzweigen oder Kräutern wie Lavendel und Thymian, dekoriert mit bunten Bändern, Schleifen und Gänsefedern. Ein geschmückter Kranz aus Buchs begrüßt Freunde und Verwandte bei ihrem Osterbesuch schon an der Wohnungstür.

Übrigens: Das Lieblings-Ostersymbol unserer Kinder, der Osterhase, hoppelt erst seit dem 17. Jahrhundert durch unsere Gärten und versteckt dort bunte Ostereier.

Material und Werkstoffe

- 1 Strohreifen, nicht abgewickelt, 25–30 cm Durchmesser
- ca. 70–80 halbe Eierschalen, ausgewaschen und trocken, ohne Sprünge
- Heißklebepistole
- etwas Heu
- 2 Tassen Kressekeimlinge
- kurzstielige Blumen und kleine Zweige von Blütensträuchern der Saison aus dem Garten und Landschaft.

Arbeitsschritte

1. Der Strohreifen wird diesmal nicht abgewickelt – Stroh oder Heu passt ausgezeichnet zu Eierschalen. Bekleben Sie den gesamten Kranz mit Eierschalen. Beginnen Sie innen und arbeiten Sie nach außen. Achten Sie darauf, dass die Zwischenräume so klein wie möglich sind. Für bessere Stabilität können Sie die Eierschalen zusätzlich mit etwas Heißkleber aneinanderkleben. Vorsicht: Die Klebestellen kühlen rasch aus – die Schalen können nicht mehr entfernt werden, ohne sie zu zerstören! Auch die Schalen der äußeren Reihe sollten Wasser aufnehmen können. Versuchen Sie, diese mit der Öffnung nach oben zu fixieren.

2. Füllen Sie nun die Zwischenräume mit kleinen Heubüscheln auf.

3. Teilen Sie die Kresse mit dem Vlies in mehrere Portionen und stecken Sie diese in die flacheren der Eierschalen (die sich nicht so gut als Vase eignen).

4. Nun füllen Sie etwas Wasser in die übrigen Schalen und verteilen darin frisch angeschnittene Blüten, Blätter und frühlingshafte Zweige.

Variationen

Sehr reizvoll wirkt der Kranz, wenn Sie sich bei der Blumenauswahl ein Farbthema stellen oder ihn mit Wildblumen- und Wildkräutern dekorieren. Wenn der Kranz schon eine Woche vor Ostern fertig geklebt ist, können Sie die Kresse auch direkt in den Eierschalen anbauen.

Wenn Sie nicht gerade Restaurantbesitzer im Bekanntenkreis haben, sollten Sie schon knapp nach Neujahr beginnen, anfallende Eierschalen für diesen Kranz zu sammeln.

Frischblumen-Tischkranz für alle Jahreszeiten

Manchmal hat man nicht so viele Blüten zur Verfügung, wie man für einen in Steckmasse arrangierten Kranz benötigt, oder die Stiele sind zu weich, um sie zu stecken. Aber ganz ohne jeden Halt können Sie den Blüten wahrscheinlich nicht „beibringen", wo sie stehen sollen. Also bleibt, eine andere Steckgrundlage zu finden. Da gibt es einige Möglichkeiten: Sie können ein kranzförmiges Glas- oder Porzellangefäß mit kurzen, senkrecht dicht an dicht gesteckten, Hartriegelstückchen befüllen und die Blüten dann in die Zwischenräume stecken. Sehr reizvoll, vielleicht etwas zeitraubend. Die Natur bietet uns ab Frühsommer die Triebe des Riesenknöterichs *(Fallopia japonica)*, die oft an den Ufern fließender Gewässer anzutreffen sind. Ihre Knotenzwischenstücke – unten durch einen Knoten verschlossen, oben offen – können Sie als „Naturvase" verwenden.

Schneiden Sie die Stängel in unterschiedlich lange Stücke und stecken Sie sie dicht aneinander in ein kranzförmiges Gefäß – mit einzelnen Blüten und Blättern, z. B. mit Margeriten, schaffen Sie so einen

Riesenknöterich (Foto: Sapin88, Wikimedia Commons)

Material und Werkstoffe

- 1 wasserfeste Kranzform
- mind. 3 bunte Klebesticks, Heißklebepistole
- Geschirrspülmittel
- 1 flache Schale, mind. Durchmesser der Kranzunterlage, 2–3 cm hoch
- kurze kleine Frischblumen der Saison
- zarte Blätter und Ranken

Arbeitsschritte

1. Bestücken Sie die Heißklebepistole mit einem bunten Klebestick.

2. Bestreichen Sie die wasserfeste Kranzform rundherum gut mit Geschirrspülmittel.

3. Überziehen Sie die Form dicht mit buntem Heißkleber. Vergessen Sie nicht auf die Innen- und Außenseite. Die einzelnen Stränge sollen einander öfter kreuzen, um eine bessere Festigkeit zu erzielen.

4. Unter fließendem Wasser können Sie das Netz vorsichtig von der Kranzform ablösen.

5. Füllen Sie die Schale mit Wasser und stellen Sie die Kunststoff-Kranzgrundlage hinein. Nun schneiden Sie die Frischblumen, Blätter und Ranken mit einem Messer schräg an und arrangieren sie locker im Kranz. Jeder Stiel muss gut mit Wasser versorgt sein.

bezaubernden Tischkranz. Steht auch der Knöterich nicht zur Verfügung? Dann ist die folgende Kranzvariante eine lohnende Alternative. Die Steckgrundlage für den hier abgebildeten Tischkranz können Sie selbst herstellen – sie besteht aus buntem Klebestick-Kunststoff und kann immer wieder verwendet werden.

Als Form verwenden Sie eine wasserfeste Kranzform (z. B. eine Kuchenform) oder – wie hier – umwickeln Sie einen Reifen aus Trockensteckschaum oder Stroh dicht mit Frischhaltefolie.

Tipp:
Für längere Haltbarkeit besprühen Sie die Blüten und füllen Sie regelmäßig Wasser nach.

Mit Kränzen und Girlanden durch das Jahr

Kopfkranz zur Erstkommunion

In den meisten katholischen Gemeinden tragen die Mädchen bei der Erstkommunion ein weißes Kleid und einen zierlichen Kopfkranz. Das traditionelle weiße Kleid soll wohl an die Taufe erinnern, da nur getaufte Kinder zur Kommunion kommen. Wählen Sie für den Haarschmuck zarte Blüten, wie Schleierkraut, kleinblütige Rosen, Margeriten, … Messen Sie den Kopfumfang vorher genau aus. Im Idealfall ist das Kind in Ihrer Nähe, während der Kranz gebunden wird, so können Sie die Form gut an den Kopf anpassen.

Seit dem 16. Jahrhundert wurde die Erstkommunion traditionell am Weißen Sonntag – dem ersten Sonntag nach Ostern – gefeiert. Erst in den letzten Jahren haben manche Gemeinden einen anderen Tag für diesen feierlichen Anlass gewählt, z. B. Christi Himmelfahrt oder einem Sonntag der Osterzeit.

Ein Tipp zum Zeitplan: Da die Erstkommunion meist am Sonntag stattfindet, sollten Sie die Blumen am Samstag besorgen. Wenn Sie besondere Blüten einarbeiten wollen, müssen Sie diese rechtzeitig in einem Blumenfachgeschäft bestellen. Wässern Sie die floralen Werkstoffe ein und stellen Sie sie an einen kühlen Ort. Um der Hektik des Festtages zu entfliehen, sollten Sie den Kranz am Samstagabend oder ganz früh am Sonntag binden. Sehen Sie inklusive der Vorbereitung zwei Stunden vor. Üben Sie den Haarschmuck ein paar Wochen vorher schon einmal, dann gehen Sie mit der nötigen Routine ans Werk. Der Haarkranz sollte bis zum Gottesdienst im Kühlschrank oder in einer Kühltasche aufbewahrt werden. Besprühen Sie die Blüten mit frischem Wasser.

Material und Werkstoffe

- 2 Steckdrähte Stärke 1,6 mm, Länge 40 cm
- Flora Tape grün, zum Binden alternativ Silberglanzdraht
- dünne Plastikfolie
- Schleierkraut
- Rosen, Margeriten o. Ä.
- Feine Blättchen, z. B. *Asparagus* oder Farn
- schmale Satinbänder, 1 m
- ev. Perlenschnur, 1 m

Arbeitsschritte

1. Beginnen Sie, einen der Drähte mit Flora Tape bis auf ca. 1/3 abzuwickeln. Legen Sie dann den zweiten Draht dazu, passen Sie die Länge an den Kopfumfang an, rechnen Sie sicherheitshalber 3 cm dazu. Wickeln Sie nun über beide Drähte weiter. Biegen Sie aus dem Draht einen Ring, beginnen Sie damit vorsichtig in der Mitte. Eine Skizze hilft, die Blumenverteilung nicht aus den Augen zu verlieren, wenn Sie mit mehreren Arten arbeiten.

2. Teilen Sie Schleierkraut und die anderen floralen Materialien in kleine Teile mit maximal 2,5 cm Stiellänge. Legen Sie sie nach Art sortiert auf, besprühen Sie sie mit frischem Wasser und legen Sie eine Plastikfolie darüber.

3. Sie können entweder von einem Ende zum anderen binden, wie Sie es vom Kranzbinden gewohnt sind, oder Sie beginnen in der Mitte und arbeiten jeweils zu den Enden – wie in diesem Beispiel. Die Blüten werden am besten mit Flora Tape

gebunden. Als Ersatz können Sie auch Silber- oder Messingglanzdraht verwenden. Wenn Sie „vorne" in der Mitte beginnen, sollten beide Seiten parallel gestaltet werden.

4. Legen Sie Schleierkraut in kleinen Büscheln an und binden Sie einmal darüber, dann kommt schon die nächste Reihe. Auf der Rückseite wird der Drahtreifen mit Blättchen abgedeckt. In regelmäßigen Abständen – entsprechen Ihrer Skizze – werden andere Blütenformen eingearbeitet. Legen Sie zusätzlich in diesen Reihen auch ein kleines Schleierkrautzweiglein außen an, um „Löcher" zu vermeiden. Arbeiten Sie so weit wie möglich an das Ende und wiederholen Sie den Vorgang auf der zweiten Hälfte des Kranzes.

5. Der Haarkranz wird erst mit Satinbändern zusammengebunden, wenn das Mädchen ihn probiert hat. Binden Sie eine schöne Schleife und ergänzen Sie auf Wunsch mit Perlenschnüren.

Variation

Auch der Kranz für den Brautschmuck entsteht auf gleiche Weise. Falls gewünscht, können Sie einen Schleier daran befestigen. Für die Braut wird aus Tradition ein grüner Kranz aus Brautmyrte *(Myrtus communis)* bevorzugt, aber auch Schleierkraut und Rosen können verwendet werden.

Bunter Kräuterkranz zur Sommersonnenwende

Seit einigen Jahren erleben Kräuter aller Arten eine Renaissance. Ob am Fensterbrett, am Balkon, im Hochbeet oder gar in einer Kräuterspirale – jeder Garten hat sein Kräutchen. Ein Sinneswandel hat sich vollzogen. Die Menschen werden sich des uralten Wissens um die Schätze der Natur und deren Wirkung wieder bewusst. Kaum eine Wellnessoase kommt ohne den Duft frischer Kräuter oder das Aroma beliebter Gewürze aus. Kräuterzauber ist wieder gefragt. Da kommt ein selbstgebundener Kranz als Gastgeschenk zur Sommersonnwendfeier gerade recht!

Greifen Sie für dieses Arrangement ganz tief in die Kräuterzauberkiste. Erlaubt ist

alles, was aromatisch duftet, z. B. Currykraut, Estragon, Frauenmantel, Goldrute, Johanniskraut, Lavendel, Lorbeer, Majoran, Minze, Oregano, Petersilie, Ringelblume, Rosmarin, Salbei, Thymian, Wermut, Ysop, Zitronenmelisse, …

Material und Werkstoffe

- 1 Reifen aus Weide oder Draht
- Myrtendraht, grün lackiert
- Kräuter und Gewürze der Saison, in Büscheln sortiert
- 3–5 kleine Sonnenblumen

Arbeitsschritte

1. Verwenden Sie als Unterlage einen Drahtring, der mit Flora Tape abgewickelt ist, oder – besser, weil umweltfreundlicher – winden Sie einen dünnen Reifen aus Weide.

2. Schneiden Sie die Kräuter morgens oder abends, geben Sie ihnen danach Gelegenheit, in einer Vase noch Wasser „aufzutanken". Schräg anschneiden! Sortieren Sie die Büschel nach der Art, bevor Sie zu binden beginnen.

3. Befestigen Sie den Myrtendraht an der Unterlage. Gebunden wird gegen den Uhrzeigersinn. Die Drahtspule wird von innen über den Kranzkörper nach außen gereicht. Achten Sie beim Binden auf ausreichende Festigkeit. Die Kräuter sollen sich nicht lösen, wenn sie getrocknet sind. Legen Sie nun die Kräuter in kleinen Büscheln an. Beginnen Sie mit einer großblättrigen Art, so entstehen zum Abschluss keine Probleme. Die Kräuter sollen so abgewechselt werden, dass ähnliche Oberflächenstrukturen und Farben nicht nacheinander folgen.

4. Die Sonnenblumen werden – je nach Größe – entweder über den Kranz verteilt (5 Stk.) oder gemeinsam in einer kleinen Gruppe (3 Stk.) angeordnet.

5. Binden Sie wie beschrieben bis ans „Ende" weiter. Nun biegen Sie die Zweige der ersten Reihe vorsichtig mit der linken Hand zurück, während Sie die letzte Reihe anlegen und so nahe wie möglich an den ersten Drahtwicklungen binden. Der Draht wird nach dem Abschneiden zurück in den Kranzkörper gesteckt. Besprühen Sie die Kräuter, um sie frisch zu halten.

Duftkräuter-Kranz mit Wiesenkräutern

Wer weder Balkon, noch Garten sein Eigen nennt, muss auf einen duftenden Kranz aus selbst geschnittenen Kräutern nicht verzichten! Eine gut sortierte Sommerwiese bietet alles, was man für solch ein Aromakränzchen braucht.

Besonders auf Bracheflächen am Stadtrand oder auf naturbelassenen Wiesen finden Sie Schafgarbe, Wiesensalbei, Goldrute, Johanniskraut, Kamille, Rainfarn, Thymian, Wermut, u. v. m.

Nützen Sie einen Spaziergang, um das Material für einen Kranz zu sammeln. Versorgen Sie die Blumen anschließend rasch mit Wasser.

Material und Werkstoffe

- 1 Reifen aus Weide oder Draht (ev. selbst aus 2 Stücken 1,6 mm starkem Steckdraht biegen)
- Myrtendraht, grün lackiert
- Wiesenkräuter der Saison

Arbeitsschritte

1. Wickeln Sie zwei Drähte mit Floratape ab, biegen Sie sie zu einem Reifen und verbinden Sie die leicht überlappenden Enden ebenfalls mit dem gewachsten Papierstreifen. Umweltfreundlicher ist ein gewundener Kranz aus Weide.

2. Legen Sie die Kräuter auf dem Reifen an, arbeiten Sie gegen den Uhrzeigersinn. Seien Sie vorsichtig beim Festziehen, Myrtendraht schneidet die dünnen Stängel rasch durch.
Runde, sammelnde Formen – wie in diesem Beispiel die Schafgarbe – werden oben und innen angeordnet, längliche oder ausschwingende Formen kommen nach außen – wie hier die Blütenstände des Wiesensalbeis.
Zwischenräume werden mit Blättern der Kräuter gefüllt.

3. Binden Sie den Kranz, wie beschrieben, zu Ende. Die letzte Reihe wird vorsichtig unter die Blüten der ersten gesteckt und möglichst weit hinten gebunden.

Mit Kränzen und Girlanden durch das Jahr

Romantischer Rosenkranz

Können Sie sich einen romantischen Garten ohne Rosen vorstellen?

Die historischen Vorfahren unserer modernen Strauch-, Kletter-, Edel- und Beetrosen stammen aus dem 18. und 19. Jahrhundert. Sie waren typische Stilelemente damaliger Gartenanlagen. Heute sorgen weltweit Züchter und Baumschulgärtner dafür, dass die Sorten ständig verbessert und für die regionalen Sortimente selektiert werden.

Nützen Sie die Sommermonate, um mit dekorativen Arrangements den romantischen Rosengarten in die Wohnung zu tragen. Wie jede Jahreszeit durch typische Pflanzen symbolisiert wird, so hat auch jede Saison ihre typische Kranzfertigungstechnik. Währen Sie im Winter binden und im Frühling winden, so werden Sie während der Sommer- und Herbstmonate das Stecken von Kränzen in Frischblumensteckmasse perfektionieren.

Je nach Kranzgröße wählen Sie die Rosenart. Für Tischkränze sollten Sie kleine und mittelgroße Blüten ernten. Die richtige Schnittreife ist gegeben, wenn die Blüte wenig geöffnet ist. Kombinieren Sie, was farblich zur Rose passt z. B. Hortensie, Lavendel, Salbei, Strandflieder, Frauenmantel, Jungfer im Grünen oder andere Blüten und Früchte aus dem Staudengarten. Beachten Sie, dass die Rose von ihrem Geltungsbedürfnis her eine Prunkform ist. Sie liebt Gesellschaft, kommt in einem Arrangement dann voll zu Geltung, wenn die anderen Blüten sich ihr optisch unterordnen oder sie mit anderen Blumen gleicher Art kombiniert wird.

Wenn Sie Blätter aus dem Garten verwenden, sollten diese gut ausgereift sein – z. B. Efeublätter des Vorjahres.

Material und Werkstoffe

- 1 Kranz aus Frischblumensteckmasse, 25 cm Durchmesser
- 1 scharfes Messer zum Anschneiden
- 10–15 Rosen mit mittelgroßen Blüten
- passendes Beiwerk, z. B. Hortensienblüten, Strandflieder, Früchte von Jungfer im Grünen
- ausgereifte Blätter

Arbeitsschritte

1. Füllen Sie eine Schale mit kaltem Wasser und legen Sie die Steckmasse auf die Wasserfläche und geben sie ihr ein paar Minuten, um sich vollzusaugen. Den Steckschaum auf keinen Fall untertauchen!

2. Legen Sie die floralen Materialien gruppiert auf die Arbeitsfläche.

3. Behalten Sie das Messer nun immer in der rechten Hand und schneiden Sie jede Blüte und jedes Blatt vor dem Stecken frisch an. Der Stiel sollte ca. 5 cm lang sein.

4. Decken Sie zuerst die Steckmasse mit Blättern ab.

5. Stecken Sie nun die Blüten dicht aneinander. Ordnen Sie die Rosen vorwiegend oben und außen an. Innen werden kleinere Blütenformen wie Hortensien oder

Strandflieder mit kurzem Stiel verwendet. Gesteckt wird leicht schräg, arbeiten Sie gegen den Uhrzeigersinn.

6. Versuchen Sie, die Rosen gleichmäßig über den Kranz zu verteilen.

7. Besprühen Sie den Kranz regelmäßig, so können Sie die Haltbarkeit verlängern.

Variationen

Rosen gibt es beinahe in allen Farben und durch Importe das ganze Jahr über. Schon eine einzelne Rose, z. B. in einem Glasröhrchen an einen schlichten Türkranz gehängt, kann auch im Winter ihre prunkvolle Wirkung entfalten!

Tipp:
Am besten stellen Sie sich ein Farbthema rund um Ihre Hauptdarstellerin, so haben Sie ein Konzept, wenn Sie zum Ernten in den Garten gehen.

Silberpappelkranz

Auf Brachflächen und am Rande von Hartholzauen findet man die Silberpappel (*Populus alba*). Im Vergleich mit anderen Pioniergehölzen aus der Familie der Weidengewächse, kann diese Art ein sehr hohes Alter und beachtliche Ausmaße erreichen. Legendär ist die 1904 umgestürzte 500-jährige Silberpappel bei Boudky in Tschechien. Sie hatte eine Höhe von 36 m, einen Stammdurchmesser von 3,52 m und einen Stammumfang von 11,25 m erreicht.

Die Oberseite der gelappten Blätter ist glänzend dunkelgrün gefärbt, die Blattrückseite filzig weiß behaart. Solch reinweißes Laub bietet uns die Natur nur selten, daher wurde für diesen Kranz speziell die weiße Blattrückseite gewählt.

Material und Werkstoffe

- 1 Strohkranz mit 25 cm Durchmesser
- Kranzwickelband
- Strohblumennadeln
- ca. 100 kleine bis mittlere, gut ausgereifte Silberpappelblätter (am besten von diesjährigen Trieben)

Arbeitsschritte

1. Umwickeln Sie den Strohreifen mit grünem Kranzwickelband.

2. Schneiden Sie mit einem Messer alle Blattstiele ab und sortieren Sie bei dieser Gelegenheit die Blätter nach Größe. Die größten benötigen Sie für den äußeren Kreis, die mittleren für die Oberseite des Kranzes, die kleinsten zur Gestaltung des Innenkreises. Die Kranzrückseite wird mit mittelgroßen Blättern abgedeckt.

3. Beginnen Sie links außen mit einem größeren Blatt. Fixieren Sie es mit zwei Strohblumennadeln. Achten Sie darauf, dass die Nadeln eine Blattader kreuzen – an dieser Stelle reißen die Blätter nicht so leicht ein. Stecken Sie die Nadel leicht schräg.

4. Auf der Oberseite befestigen Sie nun ein mittelgroßes Blatt – wieder mit zwei Nadeln. Es soll das vorherige Blatt leicht überlappen.

5. Den inneren Kreis beginnen Sie mit einem kleinen Blatt, das wie seine Vorgänger fixiert wird.

6. Die erste Reihe wird auf der Rückseite mit einem mittelgroßen Blatt beendet.

7. Verfahren Sie in der zweiten und allen weiteren Reihen ähnlich wie in der ersten. Beachten Sie dabei, dass die inneren Blätter enger übereinander zu liegen kommen als die äußeren. Sie können auch außen öfter anlegen, um den größeren Radius auszugleichen.

8. Die letzte Reihe wird so weit wie möglich unter die erste gesteckt. Die Strohblumennadeln sollten nicht sichtbar sein.

Variationen

Sie können jeden Kranz, der nur aus Blättern gehaftet wird, nach dieser Anweisung fertigen. Als Alternativen eignen sich die Blätter von Lorbeer, Stechpalme, Kirschlorbeer, Eiche, u. v. m.

> **Tipp**
> Dieser schlichte Kranz trocknet ein, ohne die Form zu verlieren. Er passt ausgezeichnet in eine Jugendstilwohnung oder einen klassizistisch gestalteten Raum.

Kugeldistelkranz

Sie scheinen kratzbürstig und führen in manchem Garten zu Unrecht ein Schattendasein: Disteln. Zugegeben, einmal losgelassen, vermehren sie sich wild und unzähmbar. Doch die Schönheiten haben für uns Menschen durchaus ihren Nutzen: die Mariendistel ist eine erfolgreich eingesetzte Heilpflanze, die Artischocke ist aus der italienischen Küche kaum noch wegzudenken.

Floristen sehen in Disteln die Schönheit im Detail. Und diese wird dem Betrachter erst dann bewusst, wenn die Distel ihn nicht mehr mit ihren „stacheligen" Blättern auf Distanz hält. Gezähmt und blattlos im Kranz, zeigt uns die Kugeldistel die Perfektion der Natur, wenn es um exakte Geometrie geht.

Wenn Disteln noch nicht den Weg in Ihren Garten gefunden haben, entdecken Sie die anspruchslosen Pflanzen am Wegesrand, auf Schutthalden oder Brachefläche.

Wunderschönes Stahlblau bringt die Blaue Kugeldistel *(Echinops ritro)* in den Garten.

2. Die Blütenstände nach Größe sortieren und in Reihen stecken. Innen die kleinsten und außen die größten.

3. Dazwischen eng mit schönen mittelgroßen Disteln auffüllen. Die Steckmasse sollte zwischen den Blütenständen nicht sichtbar sein.

4. Falls Sie den Kranz aufhängen wollen, ein breites Band rundumlegen, verknoten und eventuell die beiden Enden lang verlaufend hängen lassen, je nach Wunsch daran je eine Kugeldistel befestigen. Vor dem Aufhängen das überschüssige Wasser auslaufen lassen!

Tipp:
Kugeldisteln aus der Natur, wie in diesem Beispiel, haben eine eher graugrüne Färbung. Die Exemplare aus dem Garten sind meist wunderschön stahlblau.

Material und Werkstoffe

- Kranz aus Frischblumensteckmasse, Durchmesser 25 cm
- ca. 100 ausgereifte Kugeldistel-Blütenstände
- ev. Dekorband zum Aufhängen oder Dekorteller als Unterlage

Arbeitsschritte

1. Den Frischblumensteckring in einer Schale mit Wasser ansaugen lassen.

Strohhut mit Duftwickengirlande

Ich weiß, Sie wollen nur einmal in Ihrem Leben mit einem tollen Hut in Ascot flanieren. Kein Problem, den sehr individuell gestalteten Hut schaffen Sie im Handumdrehen …

Fangen Sie am besten heute an, einen einfachen Sonnenhut gekonnt mit sommerlicher Girlande zu dekorieren und die ersten bewundernden Blicke an der Rennbahn zu sammeln. Oder, sie schmücken mit dem schönen Stück einfach die Lehne Ihrer Gartenbank, z. B. anlässlich einer Sommerparty.

Abbildungen von Girlanden finden sich in der römischen Malerei und Architektur schon ab dem 4. Jahrhundert. Seit dem 18. Jahrhundert werden diese Dekorationselemente in der Wohnraumgestaltung verwendet. Je nachdem, wie stark das Arrangement belastet wird, bzw. welches Gewicht es hat, wird auf Schnüre, Haselruten oder Stangen gebunden. Im Gegensatz zum Kranz haben Girlanden meist zwei Enden, die Fertigungstechniken ähneln einander stark.

Material und Werkstoffe

- 1 Strohhut
- Schnur in Länge des Hutumfangs mit mind. 10 cm Zugabe zum Zubinden
- 1 Rolle Flora Tape
- ca. 20 Blüten, zartes Beiwerk und ausgereifte Blätter der Saison, im Beispiel Duftwicken, Schleierkraut und Salbei

Arbeitsschritte

1. Knoten Sie ein Ende der Schnur zur Schlaufe und befestigen Sie Flora Tape darauf.

2. Beginnen Sie die Girlande dünn, z. B. mit Blättern und Knospen. Jede Blüte wird auf dem Band mit Flora Tape befestigt. Arbeiten Sie dicht, vom Bindemittel sollte später nichts zu sehen sein.

Mit Kränzen und Girlanden durch das Jahr

Gebunden wird wie beim Kranz – reichen Sie die Flora Tape-Rolle von rechts nach links über die Girlande.

3. Beim Weiterbinden verwenden Sie allmählich größere Blüten. Die Stiele der Blüten werden am Ende auf ca. 2 cm gekürzt und mit Flora Tape abgewickelt.

4. Besprühen Sie das fertige Stück und binden Sie die Girlande auf der Hutkrempe zusammen.

Feuriger Dahlienkranz, kombiniert mit Kerzenständer und spätsommerlicher Girlande

Können Sie sich einen Sommer ohne das strahlende Gelb, Orange, Rot und Rosa unzähliger Dahliensorten vorstellen? Gerade im Spätsommer, zur Hauptblütezeit, werden dem blühenden Gast aus Mittelamerika und Mexiko europaweit sogar Feste und Veranstaltungen gewidmet.

Dahlien waren schon 200 v. Chr. eine beliebte Kulturpflanze der Azteken. Die Herzen europäischer Gartenfreunde eroberten sie ab 1791 – seit damals verbreiteten sich die Blumenschönheiten, von Spanien ausgehend, auf dem ganzen Kontinent.

War die Dahlie früher wegen ihrer Starkwüchsigkeit meist nur in größeren Beeten und Rabatten anzutreffen, so wurden in den letzten Jahren kleinwüchsige Sorten vorgestellt, die in jedem sommerlichen Blumenkasten oder bepflanzten Trog Platz finden. Einfachblühende Dahlien trotzen auch regnerischem Wetter und strecken ihre Blüte tapfer der Sonne entgegen. Neue Dahliensorten überzeugen in vielerlei Hinsicht – sie blühen früher, sind resistenter gegen Krankheiten oder bilden kräftige, lange Stiele. Diese Eigenschaft macht sie für die Verwendung in sommerlichen Arrangements wertvoll.

Im „International Register of Dahlia Names" sind bereits etwa 20.000 Dahlien-Sorten namentlich aufgeführt. Dieses Register ist allerdings nicht vollständig, und jährlich kommen fast 200 Neuzüchtungen dazu. Den Auswertungen einer Liste des Dahlienspezialisten Hans Auinger zufolge gibt es weltweit 45.000 Sorten. Damit ist die Dahlie international eine der beliebtesten Zierpflanzen.

Wählen Sie für Tischkräne Pompondahlien oder andere kleinblütige Sorten.

Material und Werkstoffe

- Kranz aus Frischblumensteckmasse, Durchmesser 25 cm
- 10–15 kleinblütige Dahlien mit Knospen
- 8–10 kleinblütige Sonnenblumen
- Beiwerk aus dem Garten, z. B. Hortensien, Goldrute, Früchte der Jungfer im Grünen, Feuerdornbeeren, Blätter von Purpurglöckchen oder Efeu

Arbeitsschritte

1. Füllen Sie eine Schale mit kaltem Wasser. Geben sie der Steckmasse ein paar Minuten, um sich vollzusaugen. Die Kranzgrundlage nicht untertauchen, sonst entstehen Trockenzellen!

2. Legen Sie die floralen Materialien gruppiert auf die Arbeitsfläche.

3. Behalten Sie das Messer in der rechten Hand und schneiden Sie jede Blüte und jedes Blatt vor dem Stecken frisch an. Der Stiel sollte ca. 5 cm lang sein.

4. Decken Sie die Steckmasse mit Blättern ab.

5. Stecken Sie die Blüten dicht aneinander. Ordnen Sie die Dahlien und Sonnenblumen vorwiegend oben und außenan. Innen werden kleinere Blütenformen wie Hortensien verwendet. Goldrute füllt Leerräume oder ist als ausschweifende Form außen anzuwenden.
Gesteckt wird leicht schräg, arbeiten Sie gegen den Uhrzeigersinn.

6. Versuchen Sie, die führenden Arten wie Dahlien und Sonnenblumen gleichmäßig über den Kranz zu verteilen.

7. Besprühen Sie den Kranz regelmäßig, so können Sie die Haltbarkeit verlängern.

Einen solchen Kerzenständer können Sie zu jeder Jahreszeit passend mit einer Girlande dekorieren.

Material und Werkstoffe
- Kerzenständer, z. B. mit passenden Peitschenkerzen
- Schnur entsprechend der erforderlichen Girlandenlänge + 10 cm Zugabe zum Zubinden
- Myrtendraht
- 15–20 kleinblütige Dahlien mit Knospen
- Beiwerk aus dem Garten, z. B. Hortensien, Goldrute, Früchte der Jungfer im Grünen, Feuerdornbeeren, Blätter von Purpurglöckchen oder Efeu

Arbeitsschritte

1. Kürzen Sie die Stiele floraler Materialien auf 3–5 cm ein.

2. Knoten Sie eine Schlaufe in ein Ende der Schnur und befestigen Sie dort den Myrtendraht. Gebunden wird wie beim Kranz – reichen Sie die Drahtspule von rechts nach links über die Girlande. Legen Sie die Werkstoffe so an, dass sich die einzelnen Arten regelmäßig wiederholen.

3. Sobald die benötige Länge erreicht ist, wickeln Sie die Stängel mit Myrtendraht ab und verknoten ihn auf der Schnur. Dann binden Sie die Girlande auf dem Kerzenständer zusammen.

Tipp:

Die Blüten bleiben länger frisch, wenn Sie regelmäßig besprüht werden und die Nachtstunden an einem kühlen Ort verbringen.

Blütenreigen – Spätsommerkranz in Reih' und Glied

Ab Ende August finden Sie in Blumengeschäften immer wieder Arrangements, die mit kleinen Äpfeln gestalten wurden. Diese Zierformen sind ausgezeichnet für kleine Kränze geeignet. Wenn Sie selbst noch keinen Zierapfelbaum *(Malus)* in Ihrem Garten haben, sollten Sie für eines dieser Exemplare einen schönen sonnigen Platz vorsehen. Auch für Stadtbewohner sind die kleinfruchtigen Ziersorten eine Alternative zum richtigen Apfel, denn ein Zierapfelbaum passt auf jeden Balkon. Diese Kleinausgabe der Großen gibt es für Kübel oder Tröge schon ab 50 cm Höhe! Die Winzlinge sind beinahe ganzjährig eine Gartenattraktion. Im Frühling bezaubern sie mit wunderschönen Blüten, im Herbst präsentieren sie farbenfrohen Fruchtschmuck in gelb, orange oder rot, und den ganzen Winter über können Sie die kleinfruchtige Apfelernte in floralen Arrangements bewundern. Geschnitten werden sie im Winter nach den Regeln, die für normale Apfelbäume gelten.

Zum Zierapfel können Sie alle saisonalen Blüten aus dem Garten arrangieren. In diesem Kranz sind es Zinnien, die den Ton angeben. Aber auch die schwarzen Samenstände des Rauen Sonnenhuts *(Rudbeckia hirta)* und die hellgrünen der Herbstanemone *(Anemone japonica)* haben durchaus noch Zierwert, wenn die Blütezeit schon vorbei ist. Nach innen wird der Kranz mit Immergrün abgedeckt, nach außen mit kleinen, weiß pannaschierten Zweigspitzen eines immergrünen Spindelstrauchs *(Euonymus fortunei* var. *radicans 'Variegata')*. Die besondere Wirkung entsteht durch die exakte Reihung der Werkstoffe. Runde Formen wirken optisch schwer, sie sollten im Basisbereich verwendet werden, wie hier Zieräpfel und Zinnien.

Material und Werkstoffe

- 1 Kranz aus Frischblumensteckmasse
- Blüten der Saison, im Beispiel 16 Zinnien
- ca. 12–20 Zieräpfel
- 12–20 Holzzahnstocher
- 30 größere Samenstände, z. B. Sonnenhut
- 30 kleine Samenstände, z. B. Herbstanemone
- kleine Blätter zum Abdecken der Kranzunterlage

Arbeitsschritte

1. Bereiten Sie die Äpfel vor, indem Sie einen Zahnstocher vom Blütenansatz ins Kerngehäuse stecken. Die Blüten, Samenstände und Blätter werden kurz geschnitten und nach Art sortiert aufgelegt.

2. Ordnen Sie die einzelnen Werkstoffe in Kreisen an. Schneiden Sie jeden Stängel vor dem Stecken frisch an. Umso exakter Sie die Kreisform einhalten, umso besser wirkt der Kranz. Sie können in Reihen gegen den Uhrzeigersinn arbeiten, wie Sie es von anderen Kränzen gewöhnt sind, oder die Werkstoff-Kreise nacheinander vervollständigen.

3. Besprühen Sie das Arrangement, um die Haltbarkeit zu verlängern.

Dieser Kranz kann als Tisch- oder Wandschmuck verwendet werden.

Tipp

Leicht kann es vorkommen, dass eine Blüte nicht an ihrem richtigen Platz ist. Sie können sie wieder aus der Steckmasse nehmen. Verwenden Sie das bestehende Loch aber nicht mehr – ein neuer Stängel würde keine optimale Wasserversorgung mehr erhalten.

Lampionblumenkranz

Lampionblumen *(Physalis alkekengi)* stellen ihr Licht nicht unter den Scheffel, sie verstecken nur ihre Blüten und unreifen Fruchtstände gekonnt unter einem dichten Blätterzelt. Im Herbst haben sie ihren großen Auftritt: dann leuchten die roten Lampions unter dem grünen Laub um die Wette. Ist die Frucht reif, lösen sich die papierartigen Gebilde allmählich auf und verlieren ihre Farbe – nur ein zartes Netz aus Adern bleibt übrig. In jeder der filigranen Hüllen steckt eine einzelne Beere, die allerdings für Menschen nicht genießbar ist.

Die Früchte der Lampionblume weisen eine starke Ähnlichkeit mit der Andenbeere auf, die essbar ist und häufig zur Dekoration von Süßspeisen verwendet wird.

Wer ein wenig beachtetes, sonniges oder halbschattiges Stückchen Garten erübrigen kann, findet dafür in der Lampionblume eine dankbare Abnehmerin. Beachten Sie, dass die Pflanze Rhizome bildet und sich gerne ungehemmt ausbreitet. Eine Rhizomsperre kann hier Abhilfe schaffen.

Wählen Sie für einen Kranz entweder nur Lampions oder stellen Sie ein buntes Potpourri aus herbstlichen Blüten und Früchten zusammen. Wenn Sie noch kleine verblühte Sonnenblumen finden, können Sie die Reste der Strahlenblüten entfernen und nur das Körbchen aus Röhrenblüten verwenden – Sie erzielen dadurch eine recht ungewöhnliche Wirkung.

Material und Werkstoffe

- Kranz aus Frischblumensteckmasse
- 20 Lampions mit Stiel
- 15–20 Zieräpfel
- 8–10 Pompondahlien oder andere mittelgroße Blüten
- 5–7 kleine Sonnenblumen, ev. ohne Strahlenblüten
- diverses Beiwerk und Blätter aus dem Garten, im Beispiel Strandflieder *(Limonium gmelinii)* und Blätter des Purpurglöckchens *(Heuchera)* und Buchs *(Buxus sempervirens)*
- ev. Dekorband zum Aufhängen
- Stützdraht
- 15–20 Holzzahnstocher

Arbeitsschritte

1. Die Lampions werden mit Stützdraht vorsichtig angedrahtet, die Zieräpfel mit Holzzahnstochern gestäbt.

2. Geben Sie der Steckmasse in einer Schale Wasser Gelegenheit, sich anzusaugen.

3. Beginnen Sie links und ordnen Sie die einzelnen Arten in kleinen Gruppen zu 2–3 Stk. an. Sonnenblumen und andere Blüten, die nur in geringen Mengen verwendet werden, gleichmäßig über den Kranzkörper verteilen. Gesteckt wird gegen den Uhrzeigersinn.

4. Wenn Sie den Kranz aufhängen wollen, befestigen Sie locker ein Band daran. Zusätzlich können Sie lange Bänder mit einzelnen Lampions am Ende anbringen.

Happy Halloween – Efeukranz mit Ziergurken und Kürbissen

Sie sind Pflanzen der Superlative. Ihre Kulturgeschichte ist 10.000 Jahre alt.

Ihre größten Früchte erreichen ein Gewicht bis zu 821 kg. Ihre kleinsten Früchte sind gerade mal so groß wie eine 50-Cent-Münze.

Ihre Sortenvielfalt ist überwältigend – über 850 Sorten sind bekannt, und jährlich werden es mehr. Man kann in ihnen Boot fahren, sie kochen, essen, zu kunstvollen Gefäßen oder Musikinstrumenten verarbeiten, sie aushöhlen, schnitzen, als Laterne ans Fenster stellen oder in ihrem Formenreichtum einfach nur bewundern ...

Sie sind die größten Beeren der Welt und am 31. Oktober, zu Halloween, haben sie ihren großen Auftritt: Kürbisse.

Entgegen weitläufiger Meinungen wird an diesem Tag weder die österreichische Bundeshauptstadt Wien gegrüßt, noch handelt es sich dabei um ein Fest amerikanischen Ursprungs. Die irische Tradition wurde um 1830 von Einwanderern in die Vereinigten Staaten gebracht und hat sich dort, neben Weihnachten und Thanksgiving, zu einem der wichtigsten Festtage entwickelt.

In den letzten Jahren begegnet man am 31. Oktober auch bei uns immer häufiger Kindern in Verkleidung, die von Tür zu Tür ziehen und nach Süßem verlangen. Wenn Sie nicht gerade mit Spinnweben, schwarzen Katzen und Fledermäusen dekorieren, aber trotzdem im Trend sein wollen, bietet dieser Kranz vielleicht eine Alternative. Er ist rasch gebunden und kann mit allen kleinfruchtigen Zier- oder Winterkürbissen dekoriert werden.

Bei den stacheligen grünen Früchten, die zwischen den Kürbissen verstreut sind, handelt es sich um Ziergurken. Diese uralten Verwandten unserer Salatgurken gehören auch zu den Kürbisgewächsen. Sowohl Kürbisse als auch Ziergurken können Sie im Garten im Mai selbst aussäen. Besonders Kinder haben Spaß daran, die Entwicklung der Pflanzen und Früchte von der Aussaat bis zur Ernte mitzuerleben.

Material und Werkstoffe

- 1 Strohreifen mit 25 cm Durchmesser
- Wickeldraht
- Holzspieße, z. B. Schaschlikspieße
- Holzzahnstocher
- Zweige der Efeu-Altersform mit Fruchtständen
- 2 Bund Chili (vom Markt)
- 10–15 Ziergurken
- 5–10 kleinfruchtige ausgereifte Zierkürbisse

Arbeitsschritte

1. Diesmal müssen Sie den Strohreifen nicht unbedingt mit Kranzwickelband abwickeln. Der Kranz ist insgesamt rustikal, da darf auch mal ein frecher Strohhalm zu erkennen sein.

Mit Kränzen und Girlanden durch das Jahr

3. Binden Sie wie gewohnt weiter und achten Sie dabei darauf, die zwei verschiedenen Fruchtformen gleichmäßig zu verteilen. Zum Abschluss biegen Sie die Efeuzweige der ersten Reihe mit der linken Hand zurück und arbeiten so weit wie möglich an die erste Bindestelle. Wenn Sie fertig sind, verdrehen Sie den Draht auf der Rückseite mit einer der ersten Wicklungen, schneiden ihn ab und stecken das spitze Ende in den Strohreifen.

4. Bringen Sie auf dem Kranz ein Band oder eine Drahtschlaufe zum Aufhängen an.

5. Spießen Sie nun die Zierkürbisse auf Holzstäbchen auf und verteilen Sie sie auf dem Kranz. Achten Sie darauf, dass die Stäbchen die andere Seite des Kürbisses nicht durchstoßen. Ziergurken werden auf Zahnstocher gespießt und so auf dem Kranz fixiert.

Variationen

Wenn Sie Kürbisse und Ziergurken nicht spießen wollen, können Sie sie auch mit feinem Messingdraht auf den Kranz wickeln. Verwenden Sie den Draht sparsam – er ist ein gestalterisches Hilfsmittel, das man nicht kaschieren muss – er soll aber nicht die Aufmerksamkeit von den Kürbissen ablenken.

Zur Vorbereitung schneiden Sie die strauchförmige Altersform von Efeu in kurze Zweigstücke mit je 4–5 Blättern. Die Chilis werden mit Stängel verarbeitet. Befestigen sie den Wickeldraht und beginnen Sie links mit der ersten Efeu-Reihe.

2. Setzen Sie die kugeligen Fruchtstände des Efeus bewusst auf der Ober- und Außenseite ein. Chilifrüchte zwischendurch lockern das grüne Arrangement auf und bringen Farbe in die Gestaltung.

Tipp:
Ziergurken als Dekorationsgegenstand erhalten Sie im Herbst auch in schwedischen Einrichtungshäusern.

Gewundener Kranz mit Alpenveilchen

Wenn die Herbsttage kühler werden und die Menschen sich langsam wieder in ihre eigenen vier Wände zurückziehen, ist in der Natur die Zeit der Alpenveilchen *(Cyclamen)* gekommen. Die persischen Geschwister *(Cyclamen persicum)* der heimischen Waldpflanzen halten Einzug in unsere Wohnungen.

Zyklamen gibt es in den unterschiedlichsten Rot-, Rosa- und Weißtönen. Manche Sorten haben geflammte, gestreifte, einfache oder gefüllte Blüten. Für die Gestaltung von Kränzen kommen uns die unterschiedlichen Größen entgegen, so sind Maxi-, Midi- und Minizyklamen im Handel erhältlich. Dieser Kranz wurde mit weißblütigen Midi-Zyklamen gestaltet. Die Pflanze bleibt im Topf, der zwischen Hartriegelzweige geklemmt wird.

Wählen Sie für Zyklamen einen kühlen Raum, z. B. das Schlafzimmer. Die Knollen der Pflanzen sollen nie ganz austrocknen, denn in der warmen Jahreszeit haben Alpenveilchen ihre blütefreie Ruhezeit.

Die Zweige des Hartriegels wurden wegen ihrer grün-roten Färbung gewählt, die gut mit den Farben der Blätter und Stiele der Zyklamen harmoniert.

Tauchen Sie die Wurzelballen gleich nach ihrer Ankunft und wickeln Sie den Topf unten in Alufolie – überschüssiges Wasser soll beim Gießen in der nächsten Zeit nicht auslaufen. Danach können Sie die Folie mit Krepppapierstreifen oder Herbstlaubblättern kaschieren.

Material und Werkstoffe

- lange einjährige Zweige des Hartriegels
- 12–16 Midi- oder Mini-Zyklamen
- Alufolie
- Krepppapier oder Herbstlaub zum Umhüllen der Töpfe

Arbeitsschritte

1. Bereiten Sie die Zyklamen, wie auf der vorigen Seite beschrieben, vor. Arrangieren Sie die Zyklamen in einem Kreis, um einen Anhaltspunkt für die notwendige Größe der Kränze zu erhalten.

2. Winden Sie aus Hartriegel zwei hohe dünne Kränze, beginnen Sie mit dünnen biegsamen Zweigen.

Die beiden Kränze werden dann unten mit einigen Zweigen im Zickzack-Muster verbunden. Prüfen Sie zwischendurch die Größe: Der innere Kranz muss deutlich kleiner sein als der äußere, denn zwischen den beiden soll eine mindestens 5–6 cm breite und ebenso hohe Rinne entstehen, die die Zyklamentöpfe aufnimmt.

3. Stellen Sie die vorbereiteten Zyklamen in einem dichten Kreis in die, zwischen den Kränzen entstandene, Rinne.

Herbstlicher Strukturkranz

(2 Variationen)

Vielleicht haben Sie bei Ihrem letzten Waldspaziergang ein paar kleine Zapfen gesammelt? Oder von einem Projekt sind Trockenmaterialien übrig geblieben? Gerade im Herbst bieten Garten und Natur haltbare Beeren, buntes Laub und immergrüne Blätter. Das ist die Gelegenheit, um das Besondere der Oberflächenstrukturen in den Vordergrund zu rücken. In der Floristik unterscheidet man fünf Strukturgruppen:

flauschig, rustikal, seidig, porzellanartig, metallisch. Sie werden bei Strukturgestaltungen flächig dargestellt. Erst durch ihr Zusammenwirken entsteht ein wirkungsvolles Gesamtbild.

• Flauschig (wollig, haarig, samtig, weich, kuschelig, filzig): Moospolster, Baumwolle, Edelweiß, Wollziest, Weidenkätzchen, Wollgras, die Blüten der Mimose und des Stiefmütterchens, die Fruchtstände der Waldrebe, die Blattrückseiten von Silberpappel und Wolligem Schneeball, …

• Rustikal (hölzern, ledrig, rau, stumpf, robust, herb, spröde, grob, derb, rostig, u.a.): Borke, Zapfen, Koniferenzweige, immergrüne Blätter, trockene Samenstände, Flechten, Disteln, Islandmoos, Steine, Sand, rostiges Eisen u. v. m. In der Natur sind rustikale Strukturen am häufigsten anzutreffen.

• Seidig (zart, duftig, fein, dünn, durchscheinend, wellig, faltig, mit Glanzeffekten): Blüten von Duftwicken, Rhododendren, Mohn; die Blätter von Silberlinde und Frauenhaarfarn; Seide als Band oder Dekorstoff, Kunstseide.

• Porzellanartig (zerbrechlich, glatt, schimmernd, wachsartig, gläsern): Hyazinthen, Wachsblumen, Tulpen, Frühlingsknotenblumen, …; Glas- und Porzellan als Gefäße und Dekorelemente, Perlmutt, Perlen.

• Metallisch (dazu gehören hart, fest, glatt, glänzend): Metalle als Gefäße und Werkstoffe, z. B. Draht, Folien, Blechteile, Ketten; Blüten von Anthurien und Strelitzien.

Jede Werkstoffart wird auf dem Kranz in Strukturflächen zusammengefasst. Die Oberflächenbeschaffenheit wirkt dann besonders effektvoll, wenn die benachbarten Strukturen sich stark von einander unterscheiden.

Zusätzliche Kontraste bieten die Farben und Formen der Werkstoffe.

Material und Werkstoffe

• Strohkranz mit 30 cm Durchmesser, ca. 6 cm dick
• ev. Kranzwickelband
• Römerhaften und Efeunadeln
• Klebepistole mit Heißkleber
• Zweige verschiedener Koniferen
• Flechten (vor dem Verarbeiten in lauwarmes Wasser tauchen)

- Buntes Herbstlaub, z. B. von Rotbuchen oder Edelkastanien
- Immergrüne Blätter oder Zweige z. B. Efeu
- Efeubeeren
- Kleine Zapfen und trockene Früchte

Arbeitsschritte

1. Umwickeln Sie den Strohreifen mit Kranzwickelband und befestigen Sie es am Ende mit Römerhaften.

2. Nun gestalten Sie mit einem Werkstoff die erste Strukturfläche. Zweige, Blätter, Beeren, Moose und Flechten werden gehaftet. Für Blätter ist eine Fixierung mit Efeunadeln ausreichend. Zapfen und andere trockene Früchte werden mit Heißkleber befestigt. Beginnen Sie außen breiter und führen Sie die Fläche geschwungen über die Kranzoberseite. Innen sollte die Fläche sich verengen.

3. Legen Sie nun ganz dicht den nächsten Werkstoff an und verfahren Sie wie unter Punkt 2 beschrieben.

4. Achten Sie darauf, dass alle Werkstoff-Flächen gleich hoch sind, sonst verliert der Kranz seine Form. Dies ist besonders dann wichtig, wenn Zapfen verarbeitet werden.

5. Haften Sie unter Beeren und anderen kleinen Früchten eine Reihe immergrüner Blätter, z. B. Efeu.

6. Die beiden Enden der Herbstblätter werden zueinander gebogen und dann fixiert. Die Efeunadel sollte dabei über der Hauptblattader liegen – dort ist das Blatt stabil und reißt nicht so leicht aus.

7. Wiederholen Sie diese Arbeitsschritte, bis der Kranz vollendet ist.

Variation

Dieses Bild zeigt die buntere Ausführung eines herbstlichen Strukturkranzes. Zusätzlich zu den oben erwähnten Materialien wurden Früchte von Jungfer im Grünen, *Erica*-Blütenzweige, Eukalyptus-Knospen, Blätter von Stechpalmen und immergrünem Spindelstrauch, Buchs, Japanische Sicheltanne *(Cryptomeria japonica)* und Holzwolle verarbeitet.

Tipp:
Füllen Sie die Freiräume zwischen Zapfen z. B. mit Moos auf, denn die Zapfenschuppen schließen sich bei Kälte und feuchtem Wetter.

Aroma-Kranz zum Fünfuhrtee

Ihre Freunde haben sich überraschend zum Tee angekündigt? Ein schlichter gewundener Kranz wie dieser, dekoriert mit Orangenscheiben und Zimtstangen, ist schnell gemacht. Mit seinem unverwechselbaren Aroma verbreitet er eine wunderbare Atmosphäre der Geborgenheit und Vertrautheit.

Duftende Werkstoffe sollten in der Vorweihnachtszeit immer Teil Ihrer Arrangements für den Wohnraum sein. Pflanzliche Aromen und ätherische Öle haben unterschiedliche Wirkung auf unsere Stimmung und das Wohlbefinden. In der folgenden Übersicht finden Sie einige typisch winterliche Düfte.

Anis: entspannend, beruhigend, ausgleichend. Anis ist Balsam für die Seele, er wirkt bei innerer Unruhe, Stress und Verspannungen.

Fichtennadel: anregend, belebend und energiespendend. Fichte fördert das Selbstvertrauen und die Kreativität. Anwendung bei Nervosität und Stress.

Mandarine: aufheiternd, erfrischend. Mandarine fördert das Selbstvertrauen und stärkt die Widerstandskraft, sie löst Verspannungen und Ängste.

Orange: belebend, erheiternd und erwärmend. In der hektischen Vorweihnachtszeit gibt Orange Ihnen Freude, Gelassenheit und Fröhlichkeit. Anwendung bei Nervosität, Stress, Lustlosigkeit und Erschöpfung. Orange fördert die Kreativität.

Zimt: anregend, aktivierend, ausgleichend und nervenstärkend. Anwendung bei Verspannungen, Lustlosigkeit und Stress.

Zitrone: konzentrationsfördernd, erfrischend, belebend stimmungsaufhellend. Anwendung bei Niedergeschlagenheit und Konzentrationsschwäche.

Material und Werkstoffe

- Feine biegsame Zweige mit dunkler Rinde, je nach Durchmesser z. B. feine Salimranken *(Muehlenbeckia)* oder Birke
- Getrocknete Orangenscheiben
- Zimtstangen
- Heißklebepistole

Arbeitsschritte

1. Winden Sie aus den feinen Zweigen einen einfachen Kranz mit einem Durchmesser von mindestens 30 cm.

2. Verteilen Sie getrocknete Orangenscheiben zwischen den Zweigen. Wenn Sie Scheiben auf dem Kranz befestigen wollen oder ein längerer Transport bevorsteht, verwenden Sie dazu einen Tropfen Heißkleber.

3. Im nächsten Arbeitsschritt klemmen Sie Zimtstangen zwischen die Zweige oder

kleben sie an. Die Zimtstangen sollen dem Verlauf der Zweige folgen.

Variation

Für einen festlicheren Eindruck stellen Sie eine dicke orange Stumpenkerze mit ca. 15 cm Durchmesser in die Mitte des Kranzes. Achten Sie darauf, dass die Zweige auf keinen Fall in die Nähe der Flammen gelangen.

Tipp:
Orangen- und Zitronenscheiben können Sie auch selber trocknen. Legen Sie Alufolie auf einen eingeschalteten Heizkörper – meist sind die Geräte im Wohn- oder Badezimmer am wärmsten. Schneiden Sie die Zitrusfrüchte in ca. 5 mm dicke Scheiben und legen Sie diese auf die Alufolie. Innerhalb weniger Tage erzielen Sie perfekte getrocknete Zitrusfrucht-Scheiben.

Mit Kränzen und Girlanden durch das Jahr

Apfelkranz für Singvögel

Unsere Singvögel haben sich im Winter eine Stärkung verdient. Mit diesem Arrangement verwöhnen Sie die liebgewonnenen Gäste im Garten nicht nur – Ihre Vogelfutter-Station wird zusätzlich dekorativ aufgewertet. Der einfache Kranz dient als Anflugstelle und „Klettergerüst". Für Kinder und Jugendliche ist das Beobachten der Singvögel an der Futterstelle ein Erlebnis, das ihr Naturverständnis fördert. Besonders wertvoll in der Vogelernährung ist Frischkost, die nach Möglichkeit nicht gefroren sein sollte. Äpfel machen nicht nur satt, sondern versorgen die gefiederten Freunde auch mit vielen für sie nötigen Nährstoffen und mit Flüssigkeit. Die meisten einheimischen Vogelarten nehmen die erfrischende Abwechslung am Futterplan mit Begeisterung an.

Auch der auf Draht gefädelte Erdnusskranz bleibt nicht lange unbehelligt. Manche Vogelarten bevorzugen diese Variante. Sie picken die Erdnüsse lieber frisch aus der Schale als geschälte Nüsse zu verspeisen.

Verfüttern Sie nur einwandfreies Obst, das nicht mit Pestiziden behandelt wurde und keine verschimmelten Stellen aufweist.

Material und Werkstoffe

- 1 Weidenreifen mit ca. 20 cm Durchmesser
- Wickeldraht, grün lackiert
- Blumensteckdraht 1,4-1,8 mm
- 1 Holzstäbchen, 25 cm lang, 5 mm dick (ev. Essstäbchen)
- Koniferenreisig, z. B. Tanne, Scheinzypresse, ...
- Erdnüsse
- 1 Apfel

Arbeitsschritte

1. Binden Sie auf dem Weidenreifen einen Kranz mit Koniferenreisig. Dieser Kranz ist ein ausgezeichnetes Übungsobjekt – die Vögel sehen über kleine Schönheitsfehler gerne hinweg.

2. Stechen Sie den Holzstab von außen nach innen durch den Kranz, durchbohren Sie dann den Apfel entlang des Kerngehäuses und fixieren Sie den Stab auf der anderen Seite im Kranzkörper.

3. Biegen Sie ein Ende des Blumensteckdrahts zu einem Haken. Fädeln Sie nun Erdnüsse auf den Draht und biegen Sie das zweite Ende wieder um. Nun wird die Erdnussreihe zum Kranz gebogen und die Enden ineinander verhakt.

4. Binden Sie den Erdnusskranz mit einem Band an den Koniferenkranz.

Wichernscher Adventskarnz (Foto: Rauhes Haus, Hamburg)

Adventskranz – der Klassiker in festlichem Schmuck

Am ersten Advent des Jahres 1839, hing im Rauhen Haus in Hamburg der erste Adventskranz, dessen Existenz historisch belegt ist. 23 Kerzen, Tannenschmuck und ein Wagenrad mit 1,20 Meter Durchmesser – so sah die Urform des beliebten Adventgestecks bei seiner „Erfindung" in der Hansestadt aus.

Der evangelische Pfarrer Johann Hinrich Wichern hing damals im Betsaal der von ihm gegründeten Anstalt zur Betreuung gefährdeter Jugendlicher einen wagenradgroßen Holzleuchter auf und entzündete darauf am ersten Adventssonntag die erste Kerze. Wicherns Idee war, den Kindern mit diesem Adventskranz die Zeit des Wartens der Vorfreude auf das nahende Weihnachtsfest anschaulich zu machen. An den Adventsonntagen wurde eine zusätzliche große Kerze entzündet.

Kranz nach Art des Wichernschen Adventskranzes
(Foto: Rauhes Haus, Hamburg)

Für jeden weiteren Tag kam eine rote Kerze dazu – bis zum Heiligen Abend. Also waren Adventskränze ursprünglich mit vier großen weißen und 18 bis 24 kleinen roten Kerzen geschmückt. Den längsten Advent feiern wir immer dann, wenn der Heilige Abend auf einen Samstag fällt.

1851 wurden nur die Wände des Betsaals im „Rauhen Haus" mit Tannenzweigen geschmückt. Die Tradition, den Adventskranz selbst mit Reisig und weißen Bändern zu schmücken, entstand erst 1860.

Die Klassiker unter den Adventskränzen sehen heute meist anders aus. Sie sind aus Tannenreisig gebunden, nur noch vier Kerzen sind geblieben, aber geschmückt wird auch heute noch mit Bändern, Schleifen und Zapfen. Doch, Adventskränze sind reich an Symbolik:

Das Grün der Tannenzweige stellt die Farbe des Lebens dar.

Der Kreis symbolisiert die mit der Auferstehung gegebene Ewigkeit des Lebens.

Der Kranz an sich wird gern in Bezug auf den Erdkreis mit seinen vier Himmelsrichtungen gedeutet.

Die Kerzen stellen das kommende Licht dar, das am Heiligen Abend die Welt erleuchtet.

Die überlieferten Farben des Advents sind Rot und Grün. Wer Wert auf Tradition legt, wird diese Farben für den Kranz bevorzugen.

Katholische Kirchen verzichten während der Adventszeit auf jeglichen Blumenschmuck, lediglich das Tannengrün des Adventskranzes ist erlaubt. Altäre werden, wie in der Fastenzeit, mit violetten Tüchern abgedeckt. In diesen Kirchen findet man Adventskränze, die mit drei violetten und einer rosa Kerze geschmückt sind. Die rosa Kerze wird am dritten Adventssonntag – zu Gaudete – entzündet. Dieser Tag ist der Vorfreude auf den Heiligen Abend gewidmet.

Gold, Silber und Weiß sind die Farben für festliche Anlässe. Besonders in der Weihnachtszeit beliebt, verleihen die drei Farben dem rustikalen Tannengrün der Nadelzweige einen feierlichen Akzent.

Material und Werkstoffe

- 1 dünner Strohreifen – Durchmesser nach Wunsch
- Kranzwickelband
- 1 Spule Wickeldraht (bei sehr großen Kränzen auch zwei Spulen)
- Klebepistole mit Klebesticks
- Gartenschere
- Zweige von Weißtanne oder anderen Arten wie Nordmanntanne, Edeltanne
- 4 (Stumpen-) Kerzen, zum Schutz mit Papier umwickelt
- 4 m Schmuckband, breit, passend zur Kerzenfarbe
- 4 Stützdrähte, grün lackiert
- 8 Steckdrähte, je nach Kerzendurchmesser 1,6–1,8 mm
- 1 alte Kerze zum Erhitzen der Drähte beim Kerzenandrahten
- Ziermaterial wie Zimtstangen, kleine Zapfen, einzelne Mistelzweige, Engelshaar, kleine Weihnachtskugeln

Arbeitsschritte

Zur Vorbereitung schneiden Sie die Koniferen in kleine Einzelzweige. Sortieren Sie nach Schönheit und Länge.

1. Wickeln Sie den Strohreifen mit Kranzwickelband ab.

2. Beginnen Sie links und binden Sie gegen den Uhrzeigersinn. Besonders schön wird der Kranz, wenn Sie auch unten

innen und außen an. Wiederholen Sie diese Schritte, bis Sie zum Ende kommen.

4. Wenn Sie mit dem Kranz fertig sind, befestigen Sie den Draht und stecken sein Ende in den Kranzkörper zurück, um Verletzungen zu vermeiden.

5. Drahten Sie nun die Stumpenkerzen an. Teilen Sie die Steckdrähte ein bis zwei Mal. Erhitzen Sie die Drahtenden über einer Kerzenflamme, bis sie glühen. Stecken Sie sie in der Nähe des Dochtes in die Kerze. Jede Kerze erhält drei Drähte.

6. Überlegen Sie, welche Kerzenanordnung Sie wünschen und stecken Sie die Kerzen in regelmäßigen Abständen in den Kranz. Sollten Drahtenden bis auf die Rückseite durchreichen, biegen Sie sie zum Kranzkörper und stecken Sie sie wieder hinein.

7. Binden Sie Schleifen und arrangieren Sie sie gemeinsam mit anderen Dekormaterialien auf dem Kranz.

Variationen

Die Kerzenanzahl kann zwischen 4 und 28 Stück variieren. Wenn Sie vier Kerzen verwenden, werden diese meist kreuzweise angeordnet. Sie können auch auf einer Seite nebeneinander alle vier oder nur drei verwenden und die eine verbleibende gegenüber alleine stellen. In den beiden letzten Fällen sollte zusätzlicher Schmuck gegenüber den Kerzen angebracht werden, um das optische Gleichgewicht wieder herzustellen.

Zweige anlegen. Diese müssen nicht so schön sein. Legen Sie zuerst oben, innen und außen an. Binden Sie dann ein Mal.

3. Ordnen Sie die Zweige für die untere Reihe in der flachen linken Hand an und legen Sie dann den Kranz darauf. Nun wird der Draht zwei Mal herumgewickelt. Beim zweiten Mal fester ziehen. Als nächsten Schritt legen Sie wieder oben,

Zapfen-Adventskranz

Wenn im Winter die immergrünen Koniferen ihren großen floristischen Auftritt haben, sind die Zapfen der Nadelgehölze nicht weit. Kränze aus Zapfen halten meist über Jahre und können, mit wechselnden Accessoires, immer wieder dem neuesten Weihnachtstrend angepasst werden.

Gehen Sie im Sommer mit offenen Augen durch den Wald und sammeln Sie

dort ihren kleinen Zapfenvorrat für den Winter. Bei Trockenheit öffnen sich die Schuppen und die Zapfen zeigen sich von ihrer schönsten Seite.

Im Fachhandel werden von manchen Koniferen auch gebleichte Zapfen angeboten, z. B. Pinienzapfen wie abgebildet.

Material und Werkstoffe

- 1 Strohreifen mit 30 cm Durchmesser, 5 cm dick
- ca. 100 kleine Zapfen von Serbischer Fichte *(Picea omorika)* oder Lärche *(Larix decidua)*
- Weißer Sprühlack matt
- 4 weiße Stumpenkerzen ca. 7 cm Durchmesser, 15 cm hoch
- 6 m Satinband weiß, mind. 5 cm breit
- 6 m transparentes hellgraues Band
- 4 m weißes Band zum Kranzabwickeln, 5 cm breit
- 2 m weißes Satinband 1 cm breit, zum Befestigen der Schleifen
- Heißklebepistole
- Doppelklebeband 1 cm breit
- 4 silberne Kerzenhalter mit 8 cm Durchmesser oder 12 Steckdrähte 1,6 mm
- 1 Teelicht zum Erhitzen der Steckdrähte beim Andrahten der Kerzen

Arbeitsschritte

1. Wickeln Sie den Strohreifen mit weißem Band ab. Das muss kein teures Satinband sein.

2. Bekleben Sie den Reifen dicht mit Zapfen. Beginnen Sie außen. Die Zapfen sollten leicht schräg liegen. Arbeiten Sie gegen den Uhrzeigersinn. Auf der Oberseite lassen Sie vier Flächen in Größe der Kerzendurchmesser aus oder Sie befestigen an den vorgesehenen Stellen silberne Kerzenhalter.

3. Gehen Sie ins Freie und legen Sie eine unempfindliche Fläche mit Zeitungspapier aus. Besprühen Sie dort den fertig geklebten Kranz mit weißem Mattlack. Lassen Sie die Farbe gut trocknen.

4. Drahten Sie die Kerzen an. Jede Kerze in dieser Größe erhält drei Drähte.

5. Für einen schöneren Abschluss werden die unteren Ränder der Kerzen mit 1 cm breitem Satinband kaschiert. Fixieren Sie es mit Doppelklebeband und lassen Sie jeweils ca. 15 cm Band überstehen, um damit die Schleifen fixieren zu können.

6. Teilen Sie die Bänder in 4 gleich große Stücke. Legen Sie jeweils ein weißes und ein hellgraues übereinander und binden Sie daraus eine doppelte Schleife. Binden Sie die Schleifen mit dem dünnen Satinband vor der Kerze fest.

Variation

Sie können die Zapfen auch mit weißer Innendispersion anmalen. Dabei werden die Zapfenschuppen nur außen weiß, das verleiht dem Kranz den Anschein, er wäre angeschneit. Wenn Sie nicht Ton-in-Ton arbeiten wollen, passen auch Kerzen in den Pastellfarben oder in Dunkelbraun zu diesem Kranz.

Hier wohnt der Nussknacker ...

Nüsse galten schon in der Antike als Glücksbringer und Fruchtbarkeitsymbol. Die Walnuss spielte in den römischen Hochzeitsbräuchen eine wichtige Rolle. Der Bräutigam warf eine Nuss unter Gäste und Zuschauer. Ein heller Klang beim Aufprall sollte eine ebenso glückliche Ehe wie die von Jupiter und Juno vorhersagen. Die Germanen übernahmen diesen Brauch und übertrugen ihn auf die Haselnuss. Sie weihten die Nüsse Fro, der Göttin der Liebe und des Erntesegens. Außerdem war die Nuss Symbol für Lebenskraft.

Im Christentum gibt es verschiedene Bedeutungen. So wurde die Kirche selbst durch die Nüsse symbolisiert, da sie ihre Tugend tief im Herzen unter einer festen Schale bewahrt. Augustinus von Hippo sah in der bitter schmeckenden Hülle die

Leiden Jesu und in der harten Schale das Holz des Kreuzes, das dem Sohn Gottes das ewige Leben ermöglichte. Der Kern symbolisiert die göttliche Natur Christi.

Im Mittelalter büßten die Nüsse leider ihren guten Ruf ein. Man war der Meinung, dass unter Nussbäumen Teufel und Hexen manch Stelldichein feierten und der Schatten der Gehölze ungesund sei. Doch wie so oft, haben sich auch diese Wogen wieder geglättet.

Heute verbringen Familien gerne in der Winterzeit gesellige Nachmittage bei Tee, Nüssen, Keksen und Geschichten. Kränze aus den unterschiedlichsten Nussarten geklebt, bieten für solch heimelige Stunden den richtigen Rahmen. Wal- und Haselnüsse ergeben besonders regelmäßige Muster. Einen Erdnusskranz zu kleben ist als meditative Arbeit bestens für Puzzle-Freunde geeignet.

Material und Werkstoffe

- Kranz aus Trockensteckschaum, 20–30 cm Durchmesser
- Nüsse – entweder einer Art oder gemischt
- Heißklebepistole mit Klebesticks
- Holzwolle, Moos o. Ä., und ein spitzes Holzstäbchen, um die Zwischenräume zu gestalten

Arbeitsschritte

1. besonders gut geeignet sind Hasel-, Wal- und Erdnüsse. Aber auch aus exotischen Nussarten lassen sich schöne Kränzen arrangieren.

2. Beginnen Sie innen, die Steckmasseform zu bekleben. Suchen Sie für den inneren Kreis kleine Nüsse aus. Heißkleber

zieht leider manchmal Fäden, diese sollten zum Schluss nicht sichtbar sein.

3. Bekleben Sie den Kranz so dicht wie möglich. Anschließend füllen sie größere Zwischenräume mit Moos oder Holzwolle auf.

4. Die schlichten Kränze sind sowohl am Tisch als auch hängend sehr dekorativ.

Weihnachtlicher Hängekranz aus Hagebutten

Haben Sie eines der ersten Rätsel aus Ihrer Kindheit je gelöst? Erinnern Sie sich daran?

„Ein Männlein steht im Walde ganz still und stumm,
Es hat von lauter Purpur ein Mäntlein um.
Sagt, wer mag das Männlein sein,
Das da steht im Wald allein
Mit dem purpurroten Mäntelein."

  Ein Fliegenpilz?
  Nein, da liegen Sie leider nicht richtig.

Mit Kränzen und Girlanden durch das Jahr

Also weiter mit der zweiten Strophe:

*"Das Männlein steht im Walde auf einem Bein
Und hat auf seinem Haupte schwarz Käpplein klein,
Sagt, wer mag das Männlein sein,
Das da steht im Wald allein
Mit dem kleinen schwarzen Käppelein?"*

Ah ja – Fliegenpilze haben kein schwarzes Käpplein.
Und nun?
Die Lösung bietet uns die dritte, meist unbekannte, Strophe, die nur gesprochen wird:

*"Das Männlein dort auf einem Bein
Mit seinem roten Mäntelein
Und seinem schwarzen Käppelein
Kann nur die Hagebutte sein."*
August Heinrich Hoffmann von Fallersleben, 1843

Material und Werkstoffe

- 5–6 Zweige von Hartriegel oder Weide
- Hagebutten an möglichst langen Trieben
- 10–12 Weihnachtskugeln
- je nach Wunsch getrocknete Apfelscheiben o. ä. Dekormaterialien
- Messingdekordraht
- mind. 8 m dunkelrotes Satinband
- dicke Arbeitshandschuhe

Arbeitsschritte

1. Winden Sie aus den Hartriegelzweigen einen Reifen mit ca. 40–50 cm Durchmesser.

2. Winden Sie nun vorsichtig die Hagebuttenzweige um das Geflecht. Sobald Sie die erste Runde geschafft haben, haken sich die weitern Rosenzweige mit ihren Stacheln bei den vorhandenen fest und müssen nur noch in die richtige Richtung gelenkt werden. Arbeiten Sie, wie gewohnt, gegen den Uhrzeigersinn und wechseln Sie auf keinen Fall im Kranz die Richtung! Wenn Sie damit fertig sind, haben Sie auch schon einen dekorativen Wandkranz.

3. Verknoten Sie kreuzweise zwei Bänder in der Länge, die Sie zum Aufhängen benötigen. Hängen Sie den Kranz mit der schönen Seite nach unten auf.

4. Arrangieren Sie Weihnachtskugeln und andere Dekorgegenstände unter den Ranken.

5. Zum Abschluss binden Sie je eine schöne Schleife an die vier Verknüpfungsstellen zwischen Band und Kranz.

Mit Kränzen und Girlanden durch das Jahr

Winter-Wandschmuck mit Apfelscheiben

Material und Werkstoffe

- ca. 50 getrocknete Apfelscheiben pro Kranz
- Blumenstützdrähte in Anzahl der Kränze
- breites Dekorband aus Satin o. ä. edlen Materialien
- zartes schmales Dekorband für zusätzlichen Schmuck
- Dekorelemente wie silber besprühte Stechpalmenblätter o. Ä.

Arbeitsschritte

1. Biegen Sie ein Ende des Drahtes zu einer kleinen Schlaufe.

2. Fädeln Sie die Apfelscheiben dicht auf den Stützdraht, biegen Sie ihn zu einem Kranz.

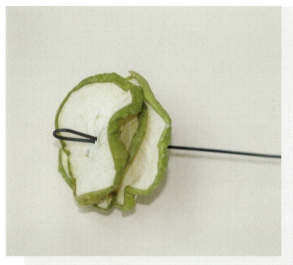

3. Lassen Sie ca. 4 cm Platz zur Befestigung des Bandes und biegen Sie am Ende eine zweite Schlaufe.

4. Verbinden Sie die Drahtenden miteinander und umwickeln Sie die freie Strecke mit Dekorband. Dann befestigen Sie ein längeres Band zum Aufhängen.

5. Zum Schluss befestigen sie nach Wunsch wenige kleine Dekorblätter an zarten Bändern und arrangieren diese in unterschiedlichen Längen.

Variationen

Am schönsten sind die Kränze, wenn sie jeweils aus einer Apfelart gefädelt sind. Auch getrocknete Scheiben von Zitrusfrüchten bieten sich für diese Gestaltung an.

Gewundener Kranz mit Weihnachtssternen als Raumschmuck

Eines Tags war ein kleines mexikanisches Mädchen unterwegs zur Christmette. Sie war traurig, denn sie hatte dem Jesuskind kein großartiges Geschenk zu bieten. So sammelte sie unterwegs einfach grüne Zweige am Wegesrand. In der Kirche angekommen, legte sie die Zweige zur Krippe. Plötzlich färbten sich die Blätter der Zweigspitzen wunderschön rot. Seit dieser wundersamen Begebenheit nennen die Mexikaner die Pflanze „Flores de Noche Buena" – „Blume der Heiligen Nacht".

Eine andere Sage rankte sich schon zur Zeit der Azteken um die Pflanze, die sie „cuetlax-xöchitl", „Leder-Blume" nannten. So sollen die Blätter des Strauches sich rot gefärbt haben, als die Blutstropfen einer unglücklich verliebten aztekischen Göttin sie berührten. Dieser Sage und dem Umstand, dass die Pflanze angeblich eine der Lieblingspflanzen des aztekischen Herrschers Moctezuma II. (1465–1520) war, verdankt sie den Namen „Stern der Azteken".

Ihren ersten botanischen Namen „Poinsettia" erhielt die Pflanze, nachdem der amerikanische Botschafter in Mexiko, Joel Robert Poinsett (1797–1851), einige Exemplare zur Sichtung nach Philadelphia sandte. In den englischsprachigen Ländern ist der Name „Poinsettia" auch heute noch die übliche umgangssprachliche Bezeichnung. Den Siegeszug durch die Alte Welt trat die Pflanze schließlich an, nachdem der Naturforscher Alexander von Humboldt sie im Jahr 1804 von einer Amerikareise mit nach Europa nahm. In Berlin bekam die Neuentdeckung vom Botaniker Carl Ludwig Willdenow den noch heute gültigen botanischen Namen *Euphorbia pulcherrima*. Da sich die Triebspitzen der Kurztagpflanze immer verlässlich um die Weihnachtszeit bunt färben, kennen wir sie heute als Weihnachtsstern, Adventstern oder Christstern.

In englischsprachigen Ländern und in Frankreich wird alljährlich am 12. Dezember der „Poinsettia-Day" gefeiert. An diesem Tag verschenkt man traditionell einen Weihnachtsstern an liebe Freunde und Familienmitglieder.

Material und Werkstoffe

- Lange biegsame Waldreben-Ranken, max. 1–1,2 cm Durchmesser
- 16 Mini-Weihnachtssterne im 4-cm-Topf
- 16 Alufolien-Quadrate, 10 cm
- Krepppapier, entweder braun oder in Farbe der Weihnachtssterne
- etwas Tannenreisig
- Hefter, Heftklammern

Arbeitsschritte

Vorbereitung: Kaufen Sie nur Weihnachtssterne, deren kugelförmige grünen Blüten erhalten sind. Achten Sie beim Transport auf die Temperatur, denn Weihnachtssterne sind Warmhauspflanzen. Ein paar Meter bei frostigen Temperaturen transportiert, schon sind die empfindlichen Mexikaner kaputt! Sobald Sie die kostbare Weihnachtsfracht gut nach Hause gebracht haben, sollten Sie lebensrettende Maßnahmen ergreifen und sie tauchen. Dazu wird der Wurzelballen so lange bis über den Topfrand in ein Gefäß mit Wasser gehalten, bis keine Luftblasen mehr aufsteigen. Danach lassen Sie die Pflanze abtropfen. Vorsicht: die Blätter sollten nicht ins Wasser getaucht und auch nicht verschmutzt werden.

1. Winden Sie aus den Waldreben-Ranken einen sehr lockeren Kranz mit ca. 80 cm Außendurchmesser.

2. Wickeln Sie alle Töpfe unten in Alufolie und umhüllen Sie sie dann mit Krepppapierstreifen, die sie mit einem Hefter fixieren.

3. In regelmäßigen Abständen werden nun die vorbereiteten Weihnachtssterne vorsichtig zwischen die Ranken im Kranzkörper gesteckt. Um die Töpfe zu kaschieren, decken Sie sie mit einem kleinen Tannenzweig ab.

4. Zur Pflege der Weihnachtssterne sollten Sie jeden zweiten Tag die Feuchtigkeit kontrollieren. Da die Alufolie ein Auslaufen verhindert, können Sie vorsichtig gießen oder die Pflanzen zum Tauchen aus dem Kranz nehmen.

Variationen

Diese Kranzgrundlage kann Sie durch die ganze Winterzeit begleiten. Lediglich die Pflanzen müssen regelmäßig ausgetauscht werden. Als Alternative zu den Topfpflanzen können Sie auch Glasröhrchen mit Schnitt-Weihnachtssternen oder anderen Blumen verwenden. Kontrollieren Sie regelmäßig, ob den Blüten noch genügend Wasser zur Verfügung steht.

> **Tipp:**
> Weihnachtssterne sind giftig. Halten Sie Kleinkinder von ihnen fern.

Mistelkränzchen

Misteln kommen erst richtig zur Geltung, wenn unsere Laubbäume im Herbst die Blätter verlieren. Während Pappel und Apfel sich in die wohlverdiente Winterruhe begeben, versuchen die kugeligen Büsche mit ihren immergrünen Blättern jeden Sonnenstrahl aufzufangen. Die Mistel ist ein Halbschmarotzer. Sie entzieht ihren Wirtsbäumen Wasser und Nährstoffe, kann aber auch selbst Photosynthese betreiben. Zum Wachstum braucht sie extrem lange. Eine Kugel mit 50 cm Durchmesser kann mehrere Jahrzehnte alt sein.

In früheren Zeiten wurden der Mistel magische Eigenschaften zugeschrieben. Druiden ernteten die begehrten Zweige mit goldenen Sicheln und achteten darauf, sie nicht zu Boden fallen zu lassen, denn dadurch hätten sie ihre besondere Wirkung verloren. Auch Leser von Asterix schwören auf die Wunderkraft der Mistel.

Wer sein Haus vor Schaden bewahren will, hängt noch heute zur Zeit der Wintersonnenwende Misteln an die Haustür. Aus dem angelsächsischen Raum kommt der Brauch, einander unter einem Mistelzweig zu küssen, um ein glückliches Liebespaar zu werden.

In Deutschland steht die Mistel inzwischen unter Naturschutz und darf nicht geerntet werden. Andere Staaten verfügen noch über größere Vorkommen und exportieren Pflanzen während der Vorweihnachtszeit. Manch Gartenbesitzer hat mit viel Geduld Misteln auf seinen Apfelbäumen angesiedelt. Nehmen sie auf einem Baum nicht überhand, schädigen sie ihn kaum.

Material und Werkstoffe

- Ein dünner Weidenreifen, ca. 20 cm Durchmesser
- grüne Mistelzweige – mit Beeren, wenn Sie frisch verliebt sind, denn jede Beere gibt einen Kuss
- Silberglanzdraht
- Schmuckband zum Aufhängen
- je nach Wunsch kleine Nostalgie-Christbaum-Vögel

Arbeitsschritte

1. Winden Sie aus einigen Weidenzweigen einen dünnen Reifen.

2. Befestigen Sie den Silberglanzdraht auf der linken Seite. Die Spule wird von innen nach außen über den Kranz gereicht.

3. Schneiden Sie Mistelzweige in ca. 5 cm lange Stücke. Verwenden Sie eine Unterlage, denn die Beeren kleben unangenehm.

4. Außen längere, innen kürzere, die schönsten auf der Oberseite und weniger attraktive auf der Rückseite. Binden Sie 2 Mal und ziehen Sie beim zweiten Mal fester. Die dünnen Drähte reißen leicht ab – daher besser einmal mehr binden und weniger fest ziehen.

5. Vollenden Sie den Kranz und legen Sie die letzte Reihe so weit wie möglich unter die Zweige der ersten. Dann fixieren Sie den Draht.

6. Dekorieren Sie den Kranz nach Wunsch und hängen Sie ihn an markanter Stelle auf.

Verschneiter Lärchenkranz

Die Lärche ist der einzige heimische Nadelbaum, der seine „Blätter" im Herbst verliert. Was bleibt, sind die malerisch hängenden Zweige, die noch die kleinen Zapfen dieses Jahres tragen. Die Lärche ist ein typischer Gebirgsbaum, der aus den Alpen und Karpaten kam, inzwischen aber auch in den Mittelgebirgen und im Tiefland anzutreffen ist. Seit 1989 wird jedes Jahr im Oktober der Baum des kommenden Jahres von der „Baum-des-Jahres-Stiftung" und deren Fachbeirat, dem „Kuratorium Baum des Jahres" bestimmt. Die Europäische Lärche ist Baum des Jahres 2012.

Im Frühling erfreuen sie durch frischgrüne Austriebe und typische dunkelrote Blütenstände, die später zu Zapfen ausreifen.

Ältere Bäume bilden sehr lange, biegsame Triebe aus, die zu einem lockeren Kranz gewunden werden können.

Material und Werkstoffe

- ein- bis zweijährige Lärchenzweige, möglichst lang und biegsam, teilweise mit Zapfen
- Schneespray oder Kunstschnee mit Sprühkleber
- je nach Wunsch Weihnachtsschmuck-Vögel zur Dekoration

Arbeitsschritte

1. Winden Sie aus den Lärchenzweigen einen lockeren Kranz mit mindestens 50 cm Durchmesser

2. Legen Sie im Freien eine Fläche mit Zeitungspapier aus und besprühen Sie dort den gesamten Kranz mit Schneespray. Als Alternative können Sie den Kranzkörper auch mit Sprühkleber besprühen und anschließend mit Kunstschnee „beschneien".

3. Für Romantiker: Befestigen Sie zum Schluss einige Weihnachtsschmuck-Vögel auf den verschneiten Zweigen.

Silvesterkranz

Begrüßen Sie das Neue Jahr und Ihre ersten Gäste mit einem kreativen Silvesterarrangement. Das Beispiel zeigt einen schlichten Koniferenkranz, der mit einer Gruppe aus gedrechselten Holz-Glückspilzen, einem Hufeisen und Glücksklee geschmückt ist.

Der Jahreswechsel ist reich an glücksbringender Symbolik

Vierblättriger Glücksklee: Schon zur Zeit der Druiden galt vierblättriger Klee als Glückssymbol. Seine Blätter symbolisieren die vier Himmelsrichtungen und die vier Elemente – Feuer, Erde, Wasser und Luft – im Christentum das Kreuz Christi.

Eva soll ein vierblättriges Kleeblatt als Andenken aus dem Paradies mitgenommen haben – daher heißt es, dass jemand, der vierblättrigen Klee besitzt, ein Stück vom Paradies sein Eigen nennt. Wer in der Wiese vierblättrigen Klee findet, darf einen Wunsch äußern, der in Erfüllung geht.

Fliegenpilz: Wie dieser giftige Pilz zu seiner Bedeutung als Glückssymbol kommt, ist bis heute nicht sicher bestätigt. Von manchen Völkern wurde er gerne als Rauschdroge benützt. Im Fliegenpilzrausch dürften ausgeprägte Glücksgefühle entstehen, die ihm wohl zu seiner Bedeutung verholfen haben. Trotzdem wird an dieser Stelle vom Genuss des Echten Fliegenpilzes abgeraten – Schokoladen- und Marzipanfliegenpilze machen sicher glücklicher.

Hufeisen: Pferde, die Symbole für Kraft und Stärke, galten von jeher als wertvoller Besitz. Seit der Antike bewahren Hufeisen die Pferde vor Schaden. Bei vielen Völkern erlangten sie daher den Status von Glücksbringern. Meist werden Hufeisen mit der Öffnung nach oben – als glücksfangender Brunnen – an Türbalken befestigt. Die Öffnung nach unten symbolisiert, dass das Glück „hinausfällt".

Material und Werkstoffe:

- 1 Rolle Wickeldraht, grün oder braun lackiert, Stärke 0,5 mm
- Draht und Heißklebepistole zum Befestigen der Pilzgruppe
- 1 Ring aus Draht, Weide oder Hasel mit ca. 25 cm Durchmesser
- Zweige von Nadelgehölzen, z. B. Wacholder, Tanne, Scheinzypresse, Eibe oder Sicheltanne, eventuell auch immergrüne Blätter und Zweige von Mahonie, Stechpalme, Mistel
- Immergrüne Blätter von Kirschlorbeer, Mahonie oder Efeu
- 2–3 gedrechselte Glückspilze oder eine andere Deko-Pilzgruppe
- 1 Pony-Hufeisen
- ev. Neujahrs-Bänder, Glückskleeblätter oder ähnliche Glückssymbole

Arbeitsschritte

1. Binden Sie auf eine stabile Unterlage einen Kranz aus immergrünen Nadelgehölzen. Beginnen Sie auf der linken Seite mit dem Anlegen der Koniferen und arbeiten Sie gegen den Uhrzeigersinn weiter. Legen Sie so dicht an, dass Wickeldraht und Unterlage später nicht sichtbar sind. Stellen Sie den Koniferenkranz fertig, wie auf Seite 27 ff. unter „Kranz binden" beschrieben.

2. Befestigen Sie „oben" auf der Rückseite eine Drahtschlaufe oder ein Band zum Aufhängen.

3. Einige immergrüne Blätter und Zweige bilden den Hintergrund für Glückspilze und Hufeisen. Schneiden Sie die Zweige schräg an und stecken Sie sie unter vorhandene Drahtwicklungen.

4. Dekorieren Sie die Kranzöffnung mit der Pilzgruppe. Je nach Material können Sie Draht oder Heißkleber dazu verwenden.

5. Das Ponyhufeisen wird – mit der Öffnung nach oben – an zwei Stellen mit braun lackiertem Draht befestigt. Die Bindestellen decken Sie mit einigen Kleeblättern ab.

Variationen

Andere Glück und Segen versprechende Pflanzen sind Lorbeer, Rosmarin, Efeu, Mistel, Stechpalme *(Ilex)*. Auch ihre Zweige können in den Kranz eingebunden werden.

> **Tipp:**
> Ponyhufeisen sind kleiner und leichter als die großer Reitpferde. Fragen Sie bei einem Pony- oder Reiterhof in Ihrer Umgebung nach alten Hufeisen.

Danke

Ganz besonders danke ich Ester und ihren Eltern: Ester, Du warst ein wunderbares Model für die Präsentation des Erstkommunionskranzes. Danke für Deine Geduld!

Danke auch an Dagmar Metschützer – für die Mitwirkung beim Fotografieren der Kranzfertigungstechniken.

Einige Kränze und Bilder sind in Privatgärten entstanden. Ich danke den Besitzern, die Location, Accessoires und oft auch Blumen zur Verfügung gestellt haben.

Dem Rauhen Haus in Hamburg danke ich besonders für die Texte und Bilder zur Geschichte des Wichernschen Adventskranzes.

Schließlich danke ich meiner Familie für die mentale Unterstützung bei diesem Buchprojekt. Danke für Eure Geduld und für die Begleitung bei „Sammelausflügen" in Wald und Feld.

Bezugsquellen

Blumensteckschaum, Drahtartikel, Flora Tape u. ä. Materialien zum Binden erhalten Sie in „Haushaltsmengen" in Floristen-Fachgeschäften, in Bastelgeschäften, Gartencentern und neuerdings auch in manchen Drogeriemärkten.

Außerdem können Sie derartige Werkstoffe online bestellen, z. B. hier:
- www.amazon.de
- www.weddingshop-berlin.de
- www.deko-versandshop.de
- www.kauflux.de

Gefäße und Kerzen gibt es günstig in Haushaltswarengeschäften und Möbelhäusern. Schnittblumen in bester Qualität erhalten Sie bei Floristen oder Gärtnern in Ihrer Umgebung – sie garantieren für kurze Transportwege und frische Ware.

Literatur

Anger, Gudrun; Bortfeldt, Georg:
Kränze aus Blüten und Früchen.
Verlag Eugen Ulmer,
Österreichischer Agrarverlag, Stuttgart,
Leopoldsdorf, 2000.

Ahrens, Lindner, Nabel, Ochsenfeld, Rötscher, Schorn:
Fachstufe Florist.
Kieser Verlag, Neusäß, 1995.

Lageder, Michael:
Die schönsten Tür- und Wandgestecke, Kränze und Girlanden.
Leopold Stocker Verlag, Graz, 2000.

Magazin Blooms, Bloom's GmbH, Ratingen, alle Jahrgänge und Ausgaben.

Stichwortregister

Advent .... 101 ff.
Adventskranz,
Wichernscher .... 101 ff.
Alpenveilchen .... 89 ff.
Andrahten .... 20 f.
Andrahten, Kerzen 22
Anisaroma 96
Anschneiden 20
Apfel .... 80 ff, 98 ff., 114
Baumschere 18
Brautmyrte 56
Buchs 9, 27, 49, 87, 94
Currykraut .... 57 ff.
Dahlie .... 75 ff., 83 ff.
Douglasie 12
Drahtartikel .... 14 ff.
Drahtstrauch
(Muehlenbeckia) 25, 96
Duftwicke .... 73 ff.
Edeltanne 11, 103
Efeu, Altersform .... 9, 38 ff.
Efeu, Jugendform .... 9, 38 ff.
Eibe 12, 124
Erdnuss .... 99 ff., 108 ff.
Erstkommunion .... 54 ff.
Estragon .... 57 ff.
Farbkreis 36
Feuerdorn 10, 76, 78
Fichte, Serbische 11
Fichtennadelaroma 96
Fliegenpilz 124
Flora Tape 17
Frauenmantel .... 57 ff.
Frischblumensteckschwamm ... 13, 24
Gedenktage .... 91 ff.
Girlande .... 72 ff., 77 ff.
Glücksbringer .... 123 f.
Goldener .... Schnitt 23
Goldrute .... 57 ff.
Haarschmuck .... 54 ff.
Hagebutte .... 111 ff.
Harz 32
Heide .... 41 f.
Heißkleber .... 19, 53 f.
Herbstanemone .... 80 ff.
Herzform .... 45 ff.
Heterophyllie 9, 38
Holzleim 33
Hortensie .... 10, 63 ff.
Hufeisen .... 123 f.
Hut .... 72 ff.
Johanniskraut .... 57 ff.
Jungfer im Grünen .... 63 ff.
Kaltkleber 33
Kerzenpflege .... 35 f.
Klee .... 123 f.
Koniferen .. 8, 11 f., 16, 27 f., 30, 92,
.... 99 f., 103, 106, 123 f.
Kranzkörper ..... 23 f., 30, 59, 84, 99,
.... 103 f., 117, 122 f.
Kranzöffnung .... 23 f.
Kranzproportion 23
Kranzwickelband 17
Kresse .... 48 ff.
Kugeldistel .... 69 ff.
Kürbis .... 86 ff.
Lampionblume .... 83 ff.
Lärche, Europäische .... 11, 121 f.
Laubgehölze .... 9 ff.
Lavendel .... 57 ff.
Lebensbaum,
Abendländischer 12
Lebensbaum,
Morgenländischer 12
Lorbeer .... 57 ff.
Mahonie 10, 124
Mahonie 124
Majoran .... 57 ff.

Mandarinenaroma	96
Messer	18
Minze	57 ff.
Mistel	119 ff.
Nadelgehölze	11 ff.
Nordmanntanne	11, 99, 103, 123 f.
Orangenaroma	96
Oregano	57 ff.
Ostern	48 ff.
Petersilie	57 ff.
Physalis	83 ff.
Poinsettie	116 ff.
Pompondahlie	75 ff., 83 ff.
Primärfarben	36
Rauhes Haus	101 ff.
Raumschmuck	34
Riesenknöterich	52
Ringelblume	57 ff.
Rose	54 ff., 63 ff.
Rosmarin	35, 57 ff.
Salbei	57 ff.
Salimranken (Muehlenbeckia)	25, 96
Salweide	10, 25
Schafgarbe	60 ff.
Scheinzypresse	11, 99, 124
Schleierkraut	45 ff., 54 ff.
Schnitt, Goldener	23
Schnittreife	8
Schnittzeitpunkt	8
Sekundärfarben	36
Sicheltanne, Japanische	11, 94, 124
Silberpappel	66 ff.
Singvögel	99 f.
Sommersonnenwende	57 f.
Sonnenblume	57 ff., 75 ff.
Sonnenhut	80 ff.
Sonntag, Weißer	54
Spindelstrauch, immergrüner	9, 80 ff., 94
Stechpalme	10, 30 f., 68, 94, 114, 124
Steckmasse	13, 24
Strohreifen	14
Strukturkranz	91 ff.
Tanne	23, 27, 35, 99, 101 ff., 117, 124
Taufe	45 f.
Tertiärfarben	36
Thuje	12
Thymian	57 ff.
Tischdekoration	34
Tischdekoration	34 f.
Trockenblumensteckmasse	13, 53 f.
Trockensteckschaum	13
Tulpe	43 f.
Waldrebe	25, 43 f., 117 ff.
Weide	10, 14, 25 ff., 35, 39 ff., 49, 49, 61, 99, 112, 120, 124
Weidenkätzchen	25, 92
Weihnachtsstern	116 ff.
Weißer Sonntag	54
Wermut	57 ff.
Wichern, Johann Hinrich	101 ff.
Wiesenkräuter	60 ff.
Wintersonnenwende	120
Ysop	57 ff.
Zapfen	20 f., 91 ff., 105 ff.
Zimtaroma	96
Zinnie	80 ff.
Zitronenaroma	96
Zitronenmelisse	57 ff.
Zyklame	89 ff.